Oliver Bidlo
Profiling
Im Fluss der Zeichen

Der Autor
Oliver Bidlo, Dr., arbeitet als wissenschaftlicher Mitarbeiter im Fach Kommunikationswissenschaft an der Universität Duisburg-Essen; Lehraufträge im Bereich Soziologie, Kommunikationswissenschaft und Kriminologie an der Ruhr-Universität Bochum und der Universität Duisburg-Essen.

Oliver Bidlo

Profiling
Im Fluss der Zeichen

Oldib Verlag

Bibliografische Information der Deutschen Nationalbibliothek
Die Deutsche Nationalbibliothek verzeichnet diese
Publikation in der Deutschen Nationalbibliografie;
detaillierte bibliografische Daten sind im Internet
über http://dnb.ddb.de abrufbar.

© 2011, Oldib-Verlag, Essen
Oldib Verlag
Lerchenstr. 37
45134 Essen
www.oldib-verlag.de
Portraitfoto: Jessica Breitbach
Herstellung: BoD, Norderstedt

ISBN 978-3-939556-21-3

Dieses Werk ist urheberrechtlich geschützt. Jede Verwendung, die über den Rahmen des Zitatrechtes bei vollständiger Quellenangabe hinausgeht, ist honorarpflichtig und bedarf der schriftlichen Genehmigung des Verlages.

Inhalt

Vorwort 7
Vorwort von Harald Dern 9

1. Einleitung 13

2. Im Fluss der Zeichen 23
Was ist ein Zeichen? – Semiotische Grundlagen 26
Die Hermeneutik 35
Was also ist eine Spur? 38
Spuren in Bildern lesen – Bildinterpretation 43
Verdichtungen und Ausblicke 55

3. Die Profilierung des Alltags 67
Das Wohnzimmer als Symbolmilieu 68
Von Kollektivsymbolen und Bücherwänden 73
Berufliches Profiling 76
Kunden- und Bewegungsprofile – Überwachung 78
Verdichtung und Übergang 83

4. Von Fall zu Fall – Die Operative Fallanalyse (OFA) 87
Eine (ganz) kurze Geschichte der OFA 91
Die Hermeneutik und die Fallanalyse 101
Heuristische Metaregeln in der OFA 112
Tat und Tatort als semiotisches Vieleck 115

5. Abschluss – Die Welt als Zeichen..................................*127*

Literaturverzeichnis... *131*
Anmerkungen.. *137*

Vorwort

Das vorliegende Buch entstand aus einem (gleichnamigen) Seminar, das seit dem Sommersemester 2009 regelmäßig von mir im Institut für Optionale Studien (IOS) der Universität Duisburg-Essen angeboten wird. Daher lässt das Buch sich zugleich als Seminarmaterial verstehen, was seine, an manchen Stellen, redundante Form erklären und entschuldigen mag. Das Seminar ist ein interdisziplinär ausgerichtetes Angebot, das sich an Studierende ganz unterschiedlicher Fachbereiche (Natur-, Betriebs-, Sozial- und Geisteswissenschaften) richtet und entsprechend verschiedene Aspekte beinhaltet und mit möglichst wenig Vorwissen auszukommen versucht. Warum nun bietet man ein fächerübergreifendes Seminar zum Thema *Profiling* an? Zum einen regt der Begriff des *Profilings* die Phantasie an. Tatsächlich hat der Begriff des *Profilings* seit Längerem Konjunktur und das insbesondere aufgrund amerikanischer Serien wie *CSI, CSI Miami, Profiler* oder *Cold* Case. Aber auch eine Sendung wie *Dr. House*, der zwar nicht als Tatermittler auftritt, kann unter diese Rubrik fallen. Denn er arbeitet in mancherlei Hinsicht wie ein Ermittler, sogar wie ein Profiler. Und dieser Punkt öffnet exemplarisch das Feld des Profilings (oder der Operativen Fallanalyse, wie es in Deutschland heißt) nicht nur für den kriminologisch-kriminalistischen Bereich, sondern verweist auf die Möglichkeit, dass das Profiling in nahezu allen Lebensbereichen vorzufinden ist und angewendet werden kann. Mehr noch: Der Alltagsmensch betätigt sich in seiner Lebenswelt selbst oft als Profiler, ohne dies mitunter zu wissen. Vor diesem Hintergrund möchte das Buch für die Hermeneutik, Semiotik und das Spurenlesen sensibilisieren und diese im Alltag verorten.

Ich danke allen Studierenden der bisherigen Seminare für die anregenden und interessanten Diskussionen. Mein Dank gilt zudem

Harald Dern für die Bereitschaft, ein Vorwort für diesen Band zu schreiben. Sabine Dittrich danke ich stellvertretend für das IOS für die Möglichkeit, einen solchen interdisziplinären Kurs anbieten zu können. Schließlich gilt mein Dank Hanna Kröger für die Durchsicht des Manuskriptes und einer Reihe von Hinweisen, die den Text lesbarer gemacht haben.

Oliver Bidlo
im August 2011

Vorwort von Harald Dern

Möchte man ein Buch über das Profiling oder die Fallanalyse schreiben, stößt man nach anfänglicher Begeisterung recht schnell auch auf einige grundlegende Probleme. Da wären zunächst die Klischees über den überaus befähigten Profiler zu nennen, die man aus Büchern, Filmen und Fernsehserien kennt. Aber auch die Unübersichtlichkeit des Themas, seine vielfältigen Bezüge zum menschlichen Verhalten und zu den Problemen der Interpretation sind hier zu nennen. Verhalten erklärt sich nicht so einfach und es geht immer mit Aspekten einer, die dem Interpreten entweder verborgen sind oder deren vollständige Aufdeckung schlichtweg nicht möglich ist.

Verhalten, vor allem solches, das vergangen ist und dessen Ausprägungsvorgang wir nicht als Zeugen beigewohnt haben, können wir nur im Wege der Interpretation von Zeichen erschließen. Zeichen als Platzhalter für ein Etwas sind gesetzte Konventionen mit der Berechtigung, auf einen Aspekt der Wirklichkeit zu verweisen. Dabei lässt sich die Frage, wofür ein Zeichen steht, nicht immer mit letzter Gewissheit beantworten, denn viele Interpretationen haben dem Zeichen bereits eine Prägung verliehen. Zeichen ist also eine gewisse Unschärfe inhärent und die Sicht auf sie bloß im Licht der Bewertung eines individuellen Datums wäre unvollständig. Sie sind in Kontexte eingebunden – sowohl solche der tatsächlichen Situativität, wie auch solche ihrer Deutungstradition. Wer im Sinne eines „Profilers" oder eines Fallanalytikers das Unbekannte erschließen möchte, bedient sich – insofern es sich nicht um einen „naiven Induktionisten" handelt – hermeneutischer Techniken. Die Systematisierung von Verstehen, das professionelle Abwägen von individuellen Handlungssträngen der Generierung von Bedeutung gegenüber situativen Wechselwirkungen sind essenzielle Bestandteile hermeneutischer Ansätze.

Hermeneutisches Verstehen ist Interpretation und hat die Gewissheit nicht regelmäßig als Begleiter. Das Profiling-Klischee will darüber hinwegtäuschen bzw. möchte die Sehnsucht der Menschen, dass es sich mit Unsicherheit anders verhalten möge, bedienen. Es ist grundsätzlich leicht, dem hermeneutischen Verstehen und Wissenserwerb mit umfassender Skepsis zu begegnen, doch wird dies denjenigen, die dieses Geschäft mit systematischer Seriosität betreiben, nicht gerecht. Darauf zu verzichten und diesen Verzicht auf den Alltag auszudehnen, hieße einen wesentlichen Teil dessen, was als menschlich zu sein beanspruchen kann, auszuschließen.

Eine technokratische Welt ohne echte Interpretation mag unweigerlich auf ein totalitäres System hinauslaufen und auch von daher eine traurige Vorstellung sein – realistisch ist sie kaum. Einerseits verdanken wir den Erfolg unserer Art im Hinblick auf Situationen, die eine schnelle Reaktion erfordern, eher unserem empiristischen Vermögen; andererseits ist in Situationen, in denen wir abwägend urteilen, eher die Qualität unserer Fall-Beurteilungen, die wir dann ggf. in die uns zugänglichen empirischen Hintergründe einpassen, entscheidend. Solche Situationen, in denen unsere evolutionär erworbenen Grundfertigkeiten im Bereich der Fallanalyse gefragt sind, betreffen vor allem soziale Zusammenhänge. Das Potenzial eines Rivalen einzuschätzen, Koalitionen vorausblickend zu schmieden, die Ursachen emotionaler Aufgewühltheiten von Gruppenmitgliedern zu erkennen – dies alles sind Fallkonstellationen, in denen denjenigen mit einem möglichst zutreffenden Urteil immer schon einen strategischen Vorteil hatten. Auch Straftaten sind in aller Regel soziale Ereignisse (in der Sprache der radikalen Textförmigkeitsthese von Ulrich Oevermann Spurentexte). Hermeneutisches Verstehen, wie es im Rahmen der Operativen Fallanalyse angewandt wird, hat hier manches bemerkenswertes Ergebnis zutage gefördert. Darüber nicht ausufernd im Sinne von Erfolgsmeldungen zu sprechen, ist ein

Teil des Erfolgsgeheimnisses. Den anderen (methodischen) Teil dieses „Geheimnisses" ein wenig zu lüften, hat sich Oliver Bidlo vorgenommen, indem er aufzeigt, dass es durchaus einen konsequenten Zusammenhang von Zeichentheorie, Hermeneutik und kriminalistisch-fallanalytischem Verstehen gibt, ja man möchte fast sagen, geben muss. Dass Bidlo hier nicht haltmacht, sondern seine Überlegungen auf den Alltag ausdehnt, ist sehr zu begrüßen (in diesem Zusammenhang ist daran zu erinnern, dass Hans-Georg Soeffner darauf hingewiesen hat, dass textanalytische Interpretationen auf den Fundamenten des Regelwissens und der Interaktionskompetenz alltäglich Handelnder, d.h. der Alltagshermeneutik ruhen). Denn letztlich spiegeln die hermeneutischen, interpretatorischen, fallanalytischen – oder wie man diese auch immer bezeichnen mag – Fähigkeiten der Fallanalytiker ein Moment wider, das ursprünglich dem Alltag entstammt: das Bestreben und die Notwendigkeit, etwas über andere Menschen zu erfahren, was sich im Wege von Spuren in den zeitlichen Verlauf eingeprägt hat, etwas, das selten durch unübersehbare Hinweisschilder auf sich verweist, das – im Gegenteil – eine grundlegende Tendenz zur Verweigerung aufweist. Von dieser Tendenz sollten wir uns nicht entmutigen lassen. Wer dies gewohnheitsmäßig tut und seinem Weltbild in epistemischer Hinsicht den Normalzustand der Übersichtlichkeit gegeben hat, wird sich an der Bestätigung von Vor-Urteilen erfreuen. Wer hingegen Vor-Urteile gegen systematisierte Prozesse des Verstehens austauscht, fürchtet sich nicht vor Anstrengung. Er weiß, dass ihn Momente echter Erkenntnis dafür entlohnen werden.

Oliver Bidlo ist den anfangs geschilderten Gefahren nicht erlegen und hat uns mit einem schönen und stringenten Text versorgt. Der Leser wird nun u. a. verstehen, dass Intuition alleine im Bereich des Spurenlesens nicht ausreichen kann, dass – gleichgültig, ob in der Kriminalistik oder im Alltag – Spuren aus ihrer Latenz mittels systematisierter Verfahren in die Konkretion unseres Verstehens gehoben werden können. Ein Verstehen mit einer bemerkenswerten geistesgeschichtlichen Tradition im Hintergrund und das im konkreten Fall immer wieder, um mit Peirce zu sprechen, eine geradezu physiologische sensuelle Qualität gewinnen kann.

1. *Einleitung*

Der Begriff des Profilings ist schillernd und weckt viele Assoziationen. Aber – das sei gleich vorangestellt – das Buch ist keine Ausbildungsanleitung, um *Profiler* oder *Kriminalist* zu werden.[1] Und auch bildet es keine umfangreiche und fundierte Einführung in die Arbeitsweise der Operativen Fallanalyse (OFA), auch wenn im Rahmen des Buches eine Darstellung der OFA zum Tragen kommt. Im Rahmen dieses Buches soll es vielmehr allgemein um die Kunst des Interpretierens, des Lesens von Zeichen, Orten, Menschen und Räumen gehen, auch wenn dazu immer wieder auf kriminalistisch-kriminologische Aspekte abgehoben wird. Im weiteren Verlauf soll dargestellt werden, dass Tatorte, wie überhaupt die ganze Welt, aus Zeichen gesponnen bzw. zeichenbehaftet sind. Lernt man diese Zeichenketten, die die Welt wie einen Schleier umhüllen, zu dekodieren (z.b. durch Text-, Bild- und/oder Raumhermeneutik; also durch die Kunst des Interpretierens) kann man „mehr" lesen als es die Oberfläche eines Ortes, Bildes, einer Situation, einer Person oder eines Sachverhaltes auf den ersten Blick herzugeben vermag. Um an dieser Stelle keine falschen Vorstellungen aufkommen zu lassen: Es geht nicht um nonverbale Kommunikation und die Fähigkeit, „Gedanken" zu lesen, wie es in manchen Büchern angepriesen wird. Und ebenfalls geht es nicht darum, z.B. anhand von physionomischen Aspekten des Gesichts, der Ohren, Nase oder anderer Körpermerkmale, den Charakter und die Persönlichkeit eines Menschen zu entschlüsseln.[2] Solche meist als Ratgeber aufgemachten Bücher spielen dabei unmerklich und meist auch ungewollt auf kriminalanthropologische Aspekte an. Die Ende des 18. und zu Beginn des 19. Jahrhunderts aufkommende Kriminalanthropologie, die man auch mit dem Namen Caesare Lombroso und seiner Theorie des *Homo Delinquens* in Verbindung bringen muss, suchte Körpermerkmale und Zeichen des geborenen Verbrechers. Lombroso blickte in diesem Zusammenhang auf die anthropologischen und psychologischen (nicht oder nur kaum nach sozialen) Dimensionen des Verbrechens. Und so wurde von ihm z.b. auch eine Tätowierung als ein zwar nicht intrinsisch, aber dafür äußeres Anzeichen für den geborenen Verbrecher verstanden, ganz in der damals vorherrschenden biologisch argumentierenden Tradition zur Erklärung sozialer Phänomene. Sein Ziel war es gerade zu zeigen, „dass die Disposition zum verbrecherischen Verhalten nicht die Folge von äußerlichen Reizen oder Ereignissen ist, sondern als angeboren vorausgesetzt wird."[3]

Die hier vertretene Ansicht – zumindest wenn es um Körper geht – folgt einer kulturwissenschaftlichen und soziologischen Perspektive, die im Gegensatz dazu den Körper, seine Bewegungen und Haltungen nicht nur biologisch, sondern als sozial geformt ansieht und selbst gewisse Körperbewegungen, Haltungen oder Gesichtsausdrücke durch kulturelle und gesellschaftliche Einschreibungen erklärt. Ein Beispiel für die Einschreibung der Gesellschaft in Körperbewegungen ist die individuelle Nahdistanz. Was als nah empfunden wird, ist von Kultur zu Kultur verschieden. Gleiches gilt auch für die Schrittgeschwindigkeit. Studien haben ergeben, dass Menschen in Gebieten mit einer prosperierenden Wirtschaft eine höhere Schrittgeschwindigkeit haben, als welche mit einer schwachen Wirtschaft. Das Diktat der Zeit macht sich hier in der Geschwindigkeit des Gehens bemerkbar und hat sich unmerklich in den Körper der Menschen geschrieben.[4] Überhaupt ist die Verwendung von Zeit innerhalb der westlichen Gesellschaft ein Ergebnis von Einschreibungs- und Disziplinierungsprozessen. Solche Disziplinierungsprozesse beginnen spätestens mit dem Besuch einer Schule. Feste Anfangs- und Pausenzeiten, die den Tag gliedern und absolut einzuhalten sind, ein Stundenplan, der die Zeit in feste Abschnitte zergliedert sind Beispiele dafür, wie Regelmäßigkeit und Pünktlichkeit von Kindesbeinen an eingeübt werden. Dabei ist ein solches Einüben auch Ausdruck von Macht- und Herrschaftsstrukturen, denen man sich beugen muss. Solange man sich daran hält, sind und wirken sie unmerklich, bis sie schließlich vom Körper fest aufgenommen werden. Ein einfaches Beispiel dafür ist das Aufwachen bei einem Erwachsenen zu einer festen Zeit. Meist wird zwar mittels eines Weckers nachgeholfen oder abgesichert. Aber unser Körper wacht bei Bedarf auch ohne ein solches Hilfsmittel in der Regel zu der üblichen Zeit des Aufstehenmüssens auf. Dies kann mitunter an Wochenenden oder freien Tagen für Unmut sorgen, wenn man trotz der Möglichkeit des längeren Schlafens zur üblichen Zeit aufwacht. Michel Foucault hat die Disziplinierungsprozesse ebenfalls beschrieben und ihre Techniken dargestellt. Sie reichen von baulichen Aspekten (Aus- bzw. Einschließung wie z.B. im Kloster, Kaserne, in Fabriken, Schulen), Platzzuweisung innerhalb des Gebäudes/Raumes, eine feste Arbeits- und Funktionszuweisung und der festen Gliederung der Zeit und des Zeitablaufes, mit einer oft auf die Minute ausgerichteten Planung und der Kontrolle der Einhaltung.[5]

Unser Körper selbst ist nun durch Zeichen geprägt und wird durch kulturelle und gesellschaftliche Einflüsse wesentlich mitgestaltet. Der Körper ist zugleich Produkt als auch selbst Produzent von Gesellschaft. Der Körper formt sich *sozial* durch Gesten, Haltungen und symbolträchtige Artefakte und vermittelt sich zugleich durch sie. Er ist dergestalt aktiv beteiligt an der Produktion und Reproduktion von Gesellschaft und wird als Zeichenträger selbst Tätiger und Ausführer sozialer Praxis.[6] Fasst man nun den Körper als soziale Praxis,[7] sind darin beide Perspektiven – die produzierende, wie auch die reproduzierende – enthalten. „Als soziale Praxis hat der Körper eine wichtige Scharnierfunktion: er vermittelt zwischen Individuum und Gesellschaft bzw. zwischen Handlung und Struktur."[8] Aber dadurch wird der Körper zugleich Teil – Produzenten und Rezipient – gesellschaftlicher Strukturen, „vor allem Ungleichheits- und Machtstrukturen, Diskurse, Institutionen und Organisationen [, die] den Umgang mit dem Körper, Einstellungen zum Körper sowie das Spüren des eigenen Körpers prägen."[9] Darüber hinaus ist unser Körper die Repräsentation unseres Selbst und drückt sich durch Handlungen aus. Handlungen und Taten besitzen eine Verweisungsstruktur über und auf unseren Körper. Über die Rekonstruktion von (Tat-)Handlungen will das kriminalistische Profiling dann den Körper des Täters finden und entlarven. Eine Handlung lässt sich nicht einsperren und bestrafen, nur dem Körper kann man dies antun.

Dieses Buch ist auf der einen Seite als eine Einführung konzipiert. Es führt ein und gibt einen Einblick in unterschiedliche Bereiche, die im Rahmen des Profilings eine wichtige Rolle spielen: Semiotik, Hermeneutik, Spurenlesen. Neben diesem einführenden Charakter möchte das Buch zugleich zeigen – und das ist, wenn man so will, die (vielleicht banale) Pointe des Buches –, dass das *Profilieren* von Situationen, Menschen und Dingen schon immer von den Menschen des Alltags durchgeführt wurde. Wir alle sind unbewusst oder bewusst Profiler im Rahmen unserer Alltagswelt. Wie lesen Situationen, stellen Hypothesen auf, machen Voreinschätzungen der Dinge, die wir gerade sehen oder die auf uns einströmen, und richten schließlich unser Handeln nach dem Ergebnis unserer *Fallanalyse* aus. Dies gelingt mal besser und mal schlechter, aber unsere Handlungen sind dergestalt keineswegs zufällig, auch wenn uns die Motive für unser Handeln nicht immer durchgängig bewusst sind. Ein gutes Beispiel ist hier das sogenannte Bauchgefühl oder die Intuition. Sie lässt sich verstehen als eine Art Scharnier zwischen Vorbewusstem und Bewusstem. Wir kommen zu einem Urteil, ohne genau sagen zu können, warum dies eigentlich so ist. Die Intuition kommt zu Entscheidungen oder Sichtweisen, ohne Einsetzen des diskursiven Verstandes. Dennoch greift die Intuition auf den vorhandenen Erfahrungs- und Wissensbestand eines Menschen zurück oder baut auf diesen auf. Aber sie setzt nicht *diskursiv* Wissen zueinander in Beziehung, um ein Problem zu lösen und offenbart ihr *Ergebnis* nicht rational (zumindest nicht im Augenblick ihres Wirkens), sondern sie vermittelt sich über ein Gefühl, eine emportauchende Empfindung, eine Eingebung. Dass sie aus diesen Gründen für Wissenschaftler mit Vorsicht zu genießen ist, ist evident. Dennoch bildet sie den Motor für Geistesblitze und kreative Lösungen, für Ideen und Hypothesen, die deduktive Abläufe und bewusste Logik überspringen. Die Intuition ist dergestalt auch beschreibbar als implizites Wissen.

In diesem Umfeld, gleichwohl auf einer bewussteren Ebene, findet sich auch der (unglücklich *gewählte*) Begriff des *Vorurteils*, der sowohl im Alltags- als auch im Wissenschaftsgebrauch genutzt wird. Der Begriff ist zumindest im Alltag negativ konnotiert, obwohl er genau diese oben beschriebene Selbstverständlichkeit ausrückt, nämlich Situationen schnell zu beurteilen und zwar im Rückgriff auf unser Wissen und unsere Erfahrungen. Unglücklich ist der Begriff insofern, als dass er suggeriert und unterstellt, dass kaum verrückbare Urteile gefällt (aufgrund der Betonung des *Urteils*) und eine soziale Situation oder eine Person in Erfahrungskategorien gepresst werden, aus die sie nicht mehr entlassen werden; und das alles auf der Basis unsicheren Wissens und mangelnder Informationen. Natürlich ist dies vorstellbar – und passiert nicht selten im Alltag –, lässt aber in einem zu großen Maße die Dynamik der Situationen und des Interpretierenden unberücksichtigt. Für das, was ich als das Profiling des Alltags bezeichne, ist dieser Begriff ungeeignet, da er eben nicht Durchlässigkeit beinhaltet und ausdrückt, sondern eher Statisches beschreibt. Ein besserer Begriff ist der der *Voreinschätzung*. Wir schätzen Situationen oder Menschen auf der Basis unseres Wissens und unserer Erfahrungen ein. Und diese Einschätzung verändert sich in dem Maße, wie weitere Informationen, weitere Zeichen auf uns einströmen und erste Einschätzungen bestätigt oder verworfen werden. Erste Einschätzungen verdichten sich oder lösen sich auf. Wenn an dieser Stelle der Begriff der Voreinschätzung vorgeschlagen und der Begriff des Vorurteils verworfen wird, so verweist dies bereits auf eine Vorannahme, die diesem Buch unterliegt: Dass man durch hermeneutische und semiologische Übung und der Einnahme einer gewissen *Haltung* im Alltag[10] mehr sehen und erkennen kann, als die Oberfläche eines Bildes, Raumes, Textes, einer sozialen Situation oder einer Person herzugeben vermag. Es ist das gleichberechtigte Spiel zwischen Struktur und Wandel, dem man sich aussetzen und für das man sich öffnen muss, ohne zugleich eines von beiden zu Beginn zu präferieren. Man steht dergestalt zwischen Altem und Neuem bzw. Unbekanntem.

Unser kulturelles und gesellschaftliches Vorwissen lässt uns Situationen einordnen, indem sie mit dem bereits vorhandenen Wissensvorrat abgeglichen und nach Ähnlichkeiten und Übereinstimmungen gesucht wird. Aber nicht immer lassen sich so Sachverhalte, Situationen oder Personen *aufschlüsseln*. Mitunter fehlen Informationen, um sie zu verstehen; oder die Situation ist tatsächlich neu und lässt sich mit den bisherigen Kategorien und Mustern nicht erklären. Dann muss Neues ge- oder erfunden werden, um sich das Unbekannte bekannt zu machen.[11] Unbekannt ist zu Beginn einer Straftat (in der Regel) auch der Täter und der Tathergang. Solcherart sind für den Kriminalisten die Vorgänge, wie man sich Unbekanntes erschließt, von wichtiger Bedeutung. Kriminalisten gehören zu einer Berufsgruppe, die täglich mit unsicherem Wissen umgehen müssen. Und – betont Dern – „so haben sich Methoden und Verfahren herausgebildet, Unsicherheiten zu reduzieren und sich dem Wissen um Tatsachen der in den Fahndungsmaßnahmen umsetzbaren und damit in gewisser Weise auch justiziablen Wahrheit also, anzunähern, so weit es eben geht."[12] Im Gegensatz zur Wissenschaft kann aber in einer Ermittlung von einem „Endpunkt" des Wissens gesprochen werden; wenn nämlich der Täter ermittelt und nach den aktuell gültigen

Gesetzen eindeutig überführt ist. Es handelt sich dabei um eine von der Gesellschaft vorgenommene Setzung. Natürlich kann – selbst bei vermeintlich eindeutigen Beweisen und einem Geständnis des mutmaßlichen Täters – sich auch alles ganz anders abgespielt haben und eine Person wird unschuldig bestraft. Potentialität trifft hier auf Wahrscheinlichkeit. Eine Ermittlung ist solcherart gekennzeichnet von einem Verdichtungsprozess, der von Möglichkeiten über Wahrscheinlichkeiten hin zur Sicherheit (im entsprechenden juristischen Rahmen) führt. Und das Wissen um alternative Möglichkeiten des Tatherganges und des Täters – das ohne Zweifel bei den Ermittlern vorhanden sein muss – ist Teil des Ermittlungs- bzw. Erkenntnisprozesses.

Das Vorgehen, besonders das der Operativen Fallanalyse, wird zu einem späteren Zeitpunkt exemplarisch vorgestellt und behandelt. An dieser Stelle reicht der Hinweis auf den Zusammenhang zwischen Alltag, polizeilicher Arbeit und wissenschaftlichem Arbeiten. Die Kluft, die man zwischen dieser Trias vermuten könnte, ist in gewisser Hinsicht kleiner als man zunächst denken mag. Auch wenn ein Unterschied hier nicht grundsätzlich verneint wird – Vorgehen, Zielsetzung und Einbettung sind nicht deckungsgleich –, möchte dieses Buch im weiteren Verlauf mehr auf die Gemeinsamkeiten abheben; und das im Besonderen am Beispiel des Profilierens, des Spurenlesens und des Interpretierens. Dabei können – im Vorgriff auf spätere Kapitel des Buches – als wesentlicher Unterschied das alltägliche uns häufig unreflektierte Interpretieren vom methodisch angeleiteten Spurenlesen unterschieden werden. Und das Spurenlesen mündet letztlich in einer gewissen Haltung, die sich zweifellos auch im Alltag einnehmen lässt, um praktische, alltägliche Probleme zu lösen: Das können ein Regalaufbau, die Vorbereitung auf eine Bewerbung oder ein Prüfungsgespräch oder der verlegte und wiederzufindende Autoschlüssel sein. Mit dem Einnehmen einer gewissen Haltung lässt sich dann eine *Bewusstseinsbrille* aufsetzen, die es – zusammen mit einigen handwerklichen Griffen – leichter macht, solche Situationen zu meistern oder *Dingen* auf die Spur zu kommen. Das Buch ist im Anschluss an die bisherigen Ausführungen zweigeteilt. Im ersten Teil werden allgemeine Aspekte der Interpretation, Semiotik und des *geisteswissenschaftlichen* Spurenlesens behandelt. Hier soll das Profiling in einem allgemeinen Sinne dargestellt und verstanden werden. Im zweiten Teil werden dann die mehr kriminologisch-kriminalistischen Aspekte des Themas vor diesem Hintergrund behandelt. Es wird die Operative Fallanalyse vorgestellt und der Tatort als ein semiotisches Vieleck konzipiert. Denn ein Tatort beinhaltet eine Geschichte, die es durch das Auffinden und das Interpretieren von Zeichen zu rekonstruieren gilt. Damit wird zugleich deutlich, dass das Feld der naturwissenschaftlichen Analysemethoden, die im Rahmen der kriminalistischen Untersuchung eine wichtige Rolle spielen, hier nicht oder kaum behandelt wird. Denn in diesem Buch geht es zuallererst um *Bedeutung*, und Bedeutung ist eine rein menschliche Kategorie. Dass dies so ist, ist auch ein Erfolg naturwissenschaftlicher Forschung der vergangenen Jahrhunderte, die z.B. metaphysische Glaubenssysteme entlarvte. Den Naturwissenschaften geht es nicht um Bedeutung, mehr noch streben sie eine *Bedeutungslosigkeit* an. Bedeutung hat oberflächlich betrachtet keinen Platz in einer auf Fakten und deduktiver Logik gründenden Vorgehensweise.[13] Bedeutung entwirft sich erst vor dem Hintergrund kultureller und gesellschaftlicher Prozesse. Vorgänge müssen bewertet, eingeschätzt und interpretiert werden; und das – wie gesagt – vor dem Hintergrund sozialer und kultureller Prozesse. So sind Ergebnisse naturwissenschaftlicher Forschung selbstverständlich Gegenstand solcher Bewertungsprozesse. Am Beispiel der Bewertung der Atomkraft bzw. -energie wird dies deutlich. Die naturwissenschaftlichen und mathematisch-statistischen Grundlagen und Ergebnisse haben sich nicht verändert. Die Wahrscheinlichkeiten für einen atomaren Super-Gau sind gleich geblieben. Aber die gesellschaftliche Bewertung des Risikos ist nach dem japanischen Unglück in Fukushima in Deutschland eine andere geworden und hat zu Gesetzesänderungen geführt. Die *Bedeutung* der Atomindustrie ist eine andere geworden.

So schreibt der Mensch seine eigenen Gesetze, denen er folgt oder von denen er abweicht. Aber selbst ein Feststellen dieses Vorganges – also des Abweichens von Gesetzen – bedarf eines Richters, der die Sachlage einschätzt, bewertet und mit Bedeutung gewichten und versehen muss. Die Welt des Menschen ist gerade nicht von Eindeutigkeit, sondern von Vieldeutigkeit geprägt, wenngleich der Mensch meist bestrebt ist, eine Eindeutigkeit herzustellen. Und diese Vieldeutigkeit ist Ergebnis und sogleich Voraussetzung für das menschliche Interpretieren, Deuten und die Erstellung von Hypothesen. Folgt man diesem Gedanken, so wird einsichtig, dass die Fähigkeit des Deutens und Interpretierens nicht nur in der Wissenschaft oder der Operativen Fallanalyse Anwendung findet, sondern im Alltag seinen festen Platz hat. Und dann ist die Schärfung und Übung derselben auch für den Alltag eine gewinnbringende und für den ein oder anderen auch eine unterhaltsame Tätigkeit.

2. Im Fluss der Zeichen

Wir leben in einer Welt voller Zeichen. Zeichen umgeben uns permanent, und auch wir selbst sind fortlaufend Produzenten von Zeichen: durch unsere Kleidung, unser Auftreten, unsere Handlungen, letztlich durch unser „in der Welt sein". Und selbst unsere Identität, unser Selbst kann als eine Verdichtung in einem Kommunikationsnetz verstanden werden. In dieser Sicht des Kulturphilosophen Vilém Flusser sind wir (also unsere Identität, unser Selbst) gesponnen aus Kommunikationsfäden, die in ihrer verdichteten Form unsere Identität ausmachen.

Vieles, was uns umgibt, existierte bereits vor uns: Straßen, Gebäude, unsere Sprache, gesellschaftliche Systeme usw. Wir sind dergestalt eingelassen in eine Welt, die nicht nur nicht gänzlich frei, sondern in einem hohen Maße vorstrukturiert ist. Hier soll allerdings nicht einem sozialen Determinismus das Wort gesprochen werden. Der Mensch besitzt einen freien Willen – das ist eine vorausgesetzte Grundannahme –,[14] dennoch ist auch dieser eingelassen in Voraussetzungen, die gewisse 'Dinge' und Handlungen in einer Situation wahrscheinlicher machen und andere unwahrscheinlicher. Auch wenn soziale Situationen immer eine (unüberschaubare) Vielzahl von Handlungsoptionen bieten, so ist die Anzahl dennoch endlich. Sie wird durch den Rahmen, in der sich die Situation abspielt, eingegrenzt. Ein banales Beispiel: Befinde ich mich in einem Seminarraum und konzentriere mich auf ein Referat, so kann ich nicht aufstehen, in ein Flugzeug steigen und wegfliegen. Die Situation beinhaltet diese Option (Flugzeug im Seminarraum) nicht.

Die unterschiedlichen Möglichkeiten, die in einer Situation angelegt sind, lassen eine feste Aussage, wie sich die Situation entwickeln wird oder welche Handlungen und Reaktionen als Nächstes folgen, nicht zu. Möglich sind nur Wahrscheinlichkeitsaussagen, die Handlungen als wahrscheinlicher oder unwahrscheinlicher ausweisen. Und was wiederum als wahrscheinlich oder weniger wahrscheinlich angesehen wird, fußt wesentlich auf gesellschaftlichen Praktiken, Wissen und Erfahrung. Ein weiteres Beispiel: Warum schließt man sein Auto (in der Regel) ab, wenn man es abstellt und verlässt? Glauben wir tatsächlich, dass sich ein Dieb, wenn er es auf unseren Wagen (oder das darin befindliche elektronische Equipment) abgesehen hat, davon abhalten lässt, dass der Wagen abgeschlossen ist? Sicherlich nicht. Wenn wir das Versicherungsargument[15] einmal beiseitelassen, könnte man dann doch den Wagen auch unabgeschlossen abstellen. Natürlich tun wir dies nicht, weil wir die Wahrscheinlichkeit verringern (wollen), dass der Wagen oder Wageninhalte gestohlen werden. Wir reduzieren Möglichkeiten des Stehlens, wenn der Wagen verschlossen ist: Gelegenheitsdiebe werden abgeschreckt, Aufbruch-Unkundige werden ferngehalten, d.h. all jene, die nicht den festen Vorsatz hatten gerade *dieses* Auto oder genau *die* Inhalte, welche sich darin befinden, zu stehlen, können durch ein abgeschlossenes und mit einer Wegfahrsperre versehenes Auto meist ferngehalten werden.

Zeichen, „Botschaften" und Symbole strömen unerlässlich auf uns ein. Mal sind sie deutlich und vordergründig als solche zu erkennen, z.B. bei Plakaten, Werbung usw. Mal sind sie aber auch kaum merklich vorhanden, sind aber dennoch oft entscheidungs- und handlungsrelevant. Wenn man z.B. in den Supermarkt geht, versucht eine Armada von Werbe- und Verhaltenspsychologen die Kunden so zu beeinflussen, dass sie viel und teuer einkaufen. Wie machen sie das? Durch die Anordnung der Ware, durch den Verlauf im Laden, der Schaffung einer angenehmen Atmosphäre usw. Ein weiteres Beispiel ist der „Neugeruch" in einem neuen Auto. Der Wagen riecht neu, aber nicht deshalb, weil den verarbeiteten Materialien der Geruch intrinsisch wäre, sondern weil er als solcher so designt wurde und eine gewisse, vorausberechnete Halbwertzeit hat. Autofabrikanten haben extra Mitarbeiter, die sich nur mit dem Geruch eines Neuwagens beschäftigen.

Wenn wir durch die Straßen gehen, gibt es unzählige Strukturelemente, z.B. architektonischer bzw. städtebaulicher Art, die dazu führen, dass wir langsam laufen, dann wiederum, dass wir schneller laufen, dass wir stehen bleiben usw. Wir sind von einer Welt aus Zeichen umgeben, vielleicht sind sogar die Welt und wir selbst ein hoch komplexes Zeichengebilde. Diese Zeichen jedenfalls sind Teil der Kultur, wir verstehen sie – zumindest meistens – und sie entstehen durch Kommunikation. Paul Watzlawick hat mit seinem bekanntesten Axiom „Man kann nicht nicht kommunizieren" einen wichtigen Beitrag dazu geleistet, dass uns einsichtig wurde, dass es schlussendlich keine Situationen gibt, die keine Zeichen beinhalten und produzieren. Abgeleitet hat Watzlawick diese Einsicht aus der Erkenntnis, dass der Mensch sich nicht nicht verhalten kann. Wenn es um die unmittelbare Aussage des Verhaltens eines Menschen geht, bindet Watzlawick dies an den Wahrnehmungsbereich, in dem der Andere sich befinden muss. Ich muss sein Verhalten wahrnehmen können, damit ich es als Teil seiner Kommunikation verstehen kann. Für den Bereich der Spuren- und Zeichenhaftigkeit bleibt dieser zweite Aspekt außer Acht. Denn es wird – sozusagen in Erweiterung der von Watzlawick geforderten Face-to-face Situation – davon ausgegangen, dass z.B. das Verhalten eines Täters am Tatort durch die materiellen Veränderungen (Spuren) und die sich daraus ableitenden Handlungsentscheidungen rekonstruiert werden kann. Man kann sich nicht durch den Raum und durch die Welt bewegen, ohne Zeichen anzustoßen und auszustrahlen. Die Wahl für eine gewisse Handlung an einem Tatort sagt etwas aus, aber auch die nicht gewählten Handlungsalternativen sagen etwas aus. Was sie aussagen, muss wiederum im Zuge der Ermittlungen durch die Rekonstruktion des Tatherganges und der Bewertung weiterer Spuren im Rahmen ermittelt werden.

Unser Leben ist – so könnte man sagen – *zeichengeschwängert.* Vor allem unsere Handlungen und unsere kulturellen Artefakte. Mein Auto ist zeichenhaft, mein Fahrrad, Austernessen, ebenso wie der Verzehr von Hamburgern. Es gibt letztlich kein Entrinnen aus der Zeichenhaftigkeit und damit aus der Interpretierbarkeit dieser Zeichen. Begeben wir uns an dieser Stelle zunächst in das Reich der Zeichen und seiner Interpretierbarkeit, in das Reich der Spuren und der Hypothesengenerierung, um dann den zeichenbehafteten Alltag wieder aufzunehmen und an einem Bildbeispiel das Gesagte zu verdeutlichen.

Was ist ein Zeichen? – Semiotische Grundlagen

Wenn an dieser Stelle über Zeichen und Zeichenlehre gesprochen und einige Aspekte ihrer Entwicklung in den Blick genommen werden, dann sei daran erinnert, dass dies nur insoweit erfolgt, wie es für die hier verfolgten Zwecke nötig ist. Die wenigen Anmerkungen dienen dazu, sensibel zu machen für die Zeichenhaftigkeit der Welt und ihre Verweisungsstruktur. Eine ausführliche Vor- und Darstellung der Semiotik kann hier nicht erfolgen.
Die Lehre von den Zeichen und den Zeichenprozessen wird seit dem Philosophen John Locke mit dem Begriff der Semiotik (gr. *semeion*) bezeichnet. Meist versteht man unter einem Zeichen etwas, das für etwas anderes steht – aliquid stat pro aliquod. Einfache Beispiele sind Straßenschilder, Spielkarten, Geldscheine oder die Sprache. Das Nachdenken über den Prozess, wie Zeichen entstehen, Bedeutung erhalten und sich in ihrer Bedeutung wandeln, findet sich bereits in der griechischen Antike. Platons Dialog *Kratylos* thematisiert semiotische Aspekte, auch bei Aristoteles finden sich Äußerungen zu diesem Problemfeld. Bereits Platon sieht in der Beziehung zwischen den Zeichen und den bezeichneten Dingen eine willkürliche Setzung. Name und Ding sind nicht miteinander natürlich verbunden, sondern sind durch Setzung einan-

der zugeordnet. Er deutet damit bereits eine bis heute feste Beschreibung von Zeichen an, die zugleich auch immer wieder kritisch betrachtet wird, dass sie nämlich arbiträr, d.h. willkürlich seien. Die Beziehung zwischen dem, das bezeichnet und dem, das bezeichnet wird, ist also keine natürliche, sondern eine auf Konventionen fußende. Das Wort „Baum" und das, was wir damit verbinden – ein aus Holz bestehendes, mit Blättern oder Nadeln versehenes Gewächs, das meist hoch aufgeschossen nach oben ragt und Wurzeln hat –, ist keine notwendige Beziehung. In einer anderen Sprache wird aus dem „Baum" ein „tree" oder „arbre". Das Wort und das Ding stehen arbiträr zueinander. Dass diese Sichtweise nicht so selbstverständlich war, zeigt sich in dem im Mittelalter und im magischen Denken anzutreffenden Glauben, dass man, wenn man den *wirklichen* Namen einer Sache oder einer Person kenne, Macht über diese Person oder das Ding ausüben könne. Der Name eines Menschen galt nicht nur als seine Bezeichnung, sondern war Teil der Person, körpergleich, den es zu bewahren und zu beschützen galt. Name und Person standen in diesem Glauben in einer natürlichen Beziehung. Die Einsicht, dass Zeichen – und damit auch Namen – eine willkürliche Verbindung sind, durchbricht dann dieses als natürlich gedachtes Verhältnis. Dennoch ist auch der Begriff der Arbitrarität nicht ohne Probleme. So mag am Anfang – wenn man einen solchen überhaupt bestimmen könnte – die Beziehung zwischen beiden (Bezeichnendes und Bezeichnetes) keine notwendige, kausale und natürliche sein. Dennoch ist sie im weiteren Sprachverlauf nicht mehr willkürlich. Es ist nicht egal, ob ich plötzlich zu einem Baum Tisch, zu einem Stuhl Banane oder zu einem Auto Klavier sage. Die sich innerhalb einer Sprachgemeinschaft ausgebildeten Verweisungs- und Bedeutungsstrukturen lassen dies nicht zu; zumindest wenn man verstanden werden möchte. So ist das Verhältnis zwischen Bezeichnetem und Bezeichnendem zwar arbiträr, aber zugleich auch wieder nicht; es weist innerhalb eines

Entwicklungs- und Veränderungsprozesses der Sprache eine Stabilität auf.

Aristoteles sieht in sprachlichen Zeichen keine unmittelbare Bezüglichkeit zu einem Ding in der Welt. Sie sind ihm zunächst Bewusstseinsinhalte wie Ideen oder Vorstellungen. Die sprachliche Äußerung „Tisch" steht dergestalt nicht für einen in der Welt real existierenden Tisch, sondern für einen Tisch in der Vorstellung. Damit steht zwischen Zeichen und bezeichneter Sache immer das Bewusstsein, Zeichen sind in dieser Hinsicht Symbole der Bewusstseinsinhalte. Damit wird das Verhältnis zwischen Zeichen und bezeichneter Sache psychologisch erklärt, es wird auf eine Ausdrucksfunktion des Bewusstseins zurückgeführt.

Im Mittelalter beschäftigte sich unter anderem Augustinus (z.B. in *De magistro*) mit der Bedeutung von Zeichen und untersucht die Sprache als Erster in ihrer kommunikativen Funktion als Zeichensystem. „Das Wort ist Zeichen für eine Sache jedweder Art, welches Zeichen – vom Sprecher geäußert – vom Hörer verstanden werden kann. Die Sache ist, was immer entweder wahrgenommen oder verstanden wird oder aber verborgen ist. Das Zeichen ist etwas, was sowohl sich selbst einem Sinn als auch etwas außer sich dem Geist zeigt."[16] John Locke gab der Zeichenlehre dann, wie erwähnt, ihren Namen *Semiotik*. Locke unterteilte die Wissenschaften in drei Disziplinen, die Naturwissenschaften, die Ethik und die Lehre von den Zeichen. Zeichen werden bei ihm in natürliche Zeichen (das bekannte Beispiel: Rauch für Feuer) und in willkürlich vom Menschen gesetzte Zeichen (Sprache, Wörter) unterschieden. Für Locke, wie überhaupt bei den Empiristen bis dahin (Francis Bacon oder Thomas Hobbes), sind Zeichen Repräsentationen von inneren Vorstellungen. Und das Verhältnis von Zeichen und Welt wird entsprechend als eine Repräsentation verstanden.

Eine genaue Sprache lässt uns fast unmittelbar an die Welt heranreichen. Sie lässt uns, wenn sie genau ist, auf die Dinge, auf die

Welt schauen und verschleiert diese dann nicht (bzw. weniger). Die moderne Semiotik ist besonders mit den beiden Namen Ferdinand de Saussure und Charles Sanders Peirce verbunden, die zugleich die beiden modernen Hauptrichtungen der Semiotik angestoßen haben. Saussure – ein Vertreter des Strukturalismus – versteht die Sprache als Zeichensystem und entwickelt von dort aus die Unterscheidung zwischen der Sprache als eben dieses System aus Zeichen, das nicht an den Einzelnen gebunden und damit überindividuell und intersubjektiv ist; dies nannte er *langue*. Es sind die sprachlichen Gewohnheiten und Regeln, die sich im sozialen Raum, dem Miteinander der Menschen konstituieren und die vom Individuum in seiner je eigenen Form internalisiert werden. Von der *langue* unterscheidet Saussure die *parole*, den konkreten, situativen und individuellen Sprechakt. *Parole* ist dergestalt die praktische und unmittelbare, in eine Situation geronnene und angewendete Form der *langue*. Es ist einsichtig, dass die *langue* als abstraktes Regelsystem und die *parole* als praktisches Sprechen in einem interdependenten Verhältnis zueinanderstehen.

Bedeutung gewinnt ein Zeichen nun nicht durch eine unmittelbare Verbindung zu dem, was es bezeichnet, sondern das Verhältnis ist – wie erwähnt – willkürlich, arbiträr. Das wiederum meint nicht, dass wir Zeichen frei wählen können. Man kennt das Kinderspiel: Man sage zu einem Baum Tisch, zu einem Stuhl Hund und zu einem Ball Glas usw. Aber die Möglichkeit zur Verständigung geht dann nach und nach verloren. Es ist vielmehr so, dass sich die Beziehung zwischen Zeichen (z.B. Hund) und dem, was es bezeichnet (🐕),[17] durch seine sprachgemeinschaftliche Verwendung herausgebildet hat. In seiner praktischen Anwendung ist es dann nicht mehr *willkürlich*, sondern eingebunden in die *langue* und *parol* und damit in einem hohen Maße stabil.

Charles Sanders Peirce entwickelte nun ein triadisches Zeichen-

modell bzw. eine triadische Struktur, in der das Zeichen eingebunden ist. „Ein Zeichen, oder Repräsentamen, ist etwas, das für jemanden in einer gewissen Hinsicht oder Fähigkeit für etwas steht. Es richtet sich an jemanden, d.h., es erzeugt im Bewusstsein jener Person ein äquivalentes oder vielleicht ein weiter entwickeltes Zeichen. Das Zeichen, welches es erzeugt, nenne ich den Interpretanten des ersten Zeichens. Das Zeichen steht für etwas, sein Objekt. Es steht für das Objekt nicht in jeder Hinsicht, sondern in Bezug auf eine Art von Idee, welche ich manchmal das Fundament des Repräsentamens genannt habe."[18] Auffallend ist hierbei, dass das Zeichen den Interpretanten – ein weiteres Zeichen – erzeugt. Damit wird ein endloser Zeichenprozess – die Semiose – angestoßen, da jeder Interpretant ein Zeichen für einen weiteren Interpretanten ist. Wo aber wäre dann die Bedeutung eines Zeichens zu finden, wenn es letztlich in einem fortlaufenden Prozess eine infinitesimale Bedeutungsverweisung beinhaltet? Peirce sieht im Interpretanten eine Bedeutungsverdichtung, eine bedeutungstragende Wirkung, sodass eine in der Praxis der Wahrnehmung erkennbare Bedeutung aufzeigbar ist. Diese Bedeutung ist aber – aufgrund der Eingebundenheit in einen sich fortlaufend vollziehenden Zeichenprozess – keine ein für alle Mal statische, sondern eine sich näherungsweise bildende und an seine praktische Wirkung gekoppelte Bedeutung. Ohne hier auf die komplexe und umfangreiche Zeichentheorie Peirce' weiter einzugehen sei jedoch betont, dass er mit dem Begriff der Semiose (engl. *semiosis*) einen ganzheitlichen Zeichenbegriff konzipiert hat, der sich nicht nur auf Sprache bezieht.
Es lässt sich dergestalt festhalten: Die Lebens- bzw. Alltagswelt ist gesponnen aus Zeichen, besteht aus Symbole und Codes, die die Menschen erschaffen haben. In der Moderne erhält die Perspektive von der Repräsentation in Form des *aliquid stat pro aliquod* eine neue Ausrichtung und Leitidee: Man nimmt nun an, dass der Wert von Zeichen in ihren Relationen untereinander verankert ist.

Diese strukturalistische Sichtweise, die wir zuerst bei de Saussure finden, radikalisiert sich dann in poststrukturalistischen Denkweisen, in der die Zeichen ihre Bedeutung nicht nur aus der direkten Relation zu anderen Zeichen erhalten, sondern jedes Zeichen enthält Spuren anderer Zeichen; damit drückt jedes Zeichen nicht nur seine Präsenz aus, sondern zugleich auch die Abwesenheit anderer Zeichen, die es *bedeuten*. Jacques Derrida formulierte es in einem Gespräch mit Peter Engelmann so: „Das, was ich Text nenne, ist alles, ist praktisch alles. Es ist alles, das heißt, es gibt einen Text, sobald es eine Spur gibt, eine differentielle Verweisung von einer Spur auf die andere. Und diese Verweise bleiben nie stehen. Es gibt keine Grenzen der differentiellen Verweisung einer Spur auf die andere. Eine Spur ist weder eine Anwesenheit noch eine Abwesenheit. Folglich setzt dieser neue Begriff des Textes, der ohne Grenzen ist – ich habe deshalb gesagt, auch als scherzhafte Bemerkung, es gäbe kein Außerhalb des Textes –, folglich setzt dieser neue Begriff des Textes voraus, dass man in keinem Moment etwas außerhalb des Bereichs der differentiellen Verweisung finden kann, das ein Wirkliches, eine Anwesenheit oder eine Abwesenheit wäre."[19]

Damit spinnt sich ein Netz aus Zeichen und Bedeutung, die der Mensch zur Welterfassung und -deutung benötigt, die aber zugleich Motor und Generator für unterschiedliche Interpretationen, Weltentwürfe und -verständnisse sind. Mehr noch: Wir müssen die Wirklichkeit selbst als einen Ausdruck symbolischer Formen verstehen. Der Mensch reicht nicht *unmittelbar* an das Sein, an die Wirklichkeit, wie sie unvermittelt existiert, heran. Sondern er kann sich ihr nur *vermittelt* zuwenden. Alles Gegebene wird dadurch zu einem Interpretationskonstrukt; es gibt keinen zeichenfreien und interpretationsunabhängigen Zugang zur Welt.

„Der Mensch kann der Wirklichkeit nicht mehr unmittelbar gegenübertreten; er kann sie nicht mehr als direktes Gegenüber betrachten. Die physische Realität scheint in dem Maße zurückzu-

treten, wie die Symboltätigkeit des Menschen an Raum gewinnt. Statt mit den Dingen hat es der Mensch nun gleichsam ständig mit sich selbst zu tun. So sehr hat er sich mit sprachlichen Formen, künstlerischen Bildern, mythischen Symbolen oder religiösen Riten umgeben, dass er nichts sehen oder erkennen kann, ohne dass sich dieses artifizielle Medium zwischen ihn und die Wirklichkeit schöbe."[20]
Der Mensch kann nach Cassierer als Symbolwesen aufgefasst werden, als ein *animal symbolicum*, das sich innerhalb einer symbolischen Welt bewegt. Das Symbolhafte gilt Cassierer als herausragendes Merkmal der menschlichen Gattung und ihrer Kultur. Der Mensch *erschafft* sich erst durch den Gebrauch von Symbolen. Die Welt ist ihm in Form einer kulturell vorgeformten Sinnwelt gegeben, die die Erfahrungen und Wahrnehmungen der Menschen strukturiert. Symbole bieten dem Menschen erst seinen spezifischen Wirklichkeitsbezug. Selbst unser Denken muss als zeichenhafter Prozess verstandenen werden, es vollzieht sich *durch* Zeichen und *in* Zeichen in Form eines Zeichenprozesses. Der bereits angesprochene Charles S. Peirce – einer der Begründer der modernen Semiotik – hat besonders darauf hingewiesen, dass alles Denken selbst ein Denken in Zeichen ist. Denn Peirce startet mit einem fundamentalen und universellen Ausgangspunkt, der in der Entwicklung der Semiotik bis dahin nicht gefasst wurde. Oehler drückt dies in Anlehnung an Peirce so aus: „Die Welt besteht nicht aus zwei sich wechselseitig ausschließenden Arten von Dingen, Zeichen und Nichtzeichen oder, anders ausgedrückt, aus einer Art von Dingen, die eine Bedeutung haben, und einer Art von Dingen, die keine Bedeutung haben. Es gibt überhaupt keine bedeutungslosen Objekte. Alle unsere Objekte sind Objekte von Zeichen, und ein Zeichen ohne Bedeutung gibt es nicht;"[21]
Weil wir auf Zeichen und Symbole angewiesen sind, wenn wir denken und handeln, wird auch einsichtig, warum es kein gesellschaftlich voraussetzungsloses Handeln geben kann. Denn die

Zeichen, derer die Menschen sich bedienen, sind keine Zeichen, die das Individuum selbst entwickelt und entworfen hat, sondern es findet diese vor, sie wandern von außen in das Individuum, das diese dann nach und nach verinnerlicht und gesellschaftlich adäquat benutzt. Das hat besonders George Herbert Mead verdeutlicht, in dessen Anlehnung man dann pointiert formulieren kann, dass das Ich nicht Voraussetzung, sondern Ergebnis von Kommunikation ist.

Wenn die Welt dergestalt aus einem Netz von Zeichen gesponnen ist, kann man die Frage nach der Bedeutungsgenerierung der unterschiedlichen Sinngebilde stellen.

Roland Barthes hat dies über die semiologische Analyse getan, indem er solche Sinngebilde als *Mythos* aufgefasst hat. Sein strukturalistisch-semiologischer Ansatz zählt zu den „Grundpfeilern" der *Cultural Studies*, „die die soziale Welt als kulturellen, sozialen oder medialen Text verstehen und somit als ein System von Zeichen begreifen. Das Ziel der Cultural Studies ist die Beschreibung der Sinn und Bedeutung zuweisenden Aktivitäten der Rezipienten, die im Kommunikationsprozess, den medialen Text generieren."[22] Wir befinden uns hier auf dem Feld der Kultursemiotik, d.h. der Anwendung der Semiotik auf Kultur und ihre Erzeugnisse, wie z.B. Werbebilder und -texte, Kleidung oder Fotografien in ihren unterschiedlichen Kontexten. Kultur und Zeichen stehen in einem wechselseitigen Beziehungsverhältnis. Aus diesem Grund sind kulturelle Formationen und Wissensordnungen immer auch mit Machtformen und in Zeichen bzw. Zeichenketten verbunden. Diese Formationen und Ordnungen des Wissens begründen, fundieren und produzieren Herrschaftsverhältnisse, Macht und entsprechende Handlungen in der Gesellschaft. Aus diesem Grund erfolgt die Analyse solcher kulturellen Formationen, nennt man die Analyse Dekonstruktion (Derrida), Semiologie (Barthes) oder Diskursanalyse (Foucault): Die Analyse soll die dahinterliegenden Machtformen und Sinnprozesse aufdecken. Besonders Roland Barthes hat sich in semiotischer Hinsicht mit kulturellen Artefakten auseinandergesetzt und hat „Mythen des Alltags" analysiert.

Was versteht Barthes nun unter einem Mythos? Der Mythos ist ihm kein Objekt, Begriff oder eine Idee, sondern eine Aussage, eine Weise des Bedeutens und eine Form.[23] Dabei ist die Form bzw. die Ausdrucksweise nicht auf die Schrift reduziert, sondern umschließt „jede bedeutungsvolle Einheit."[24] Damit kann der Mythos in ganz unterschiedliche Arten von Kommunikation – letztlich in jedem Zeichenträger – vorhanden sein. Das können z.B. Autos, Bilder, Schilder oder Texte sein. Innerhalb des semiotischen Systems bildet der Mythos eine Bedeutung zweiter Ordnung, ist ein sekundäres semiologisches System. „[D]er Mythos ist insofern ein besonderes System, als er auf einer Kette aufbaut, die bereits vor ihm existierte."[25] Im Mythos sind dergestalt zwei semiotische Systeme enthalten. Zum einen das linguistische System, die Objektsprache – also die Darstellungsweise (Sprache, Poster, Bilder, Filme usw.) –, derer sich der Mythos bedient, um sein semiotisches System zu errichten. Barthes bezeichnet den Mythos in Abgrenzung zur Objektsprache dann als Metasprache. Darstellungsweisen, besonders die der modernen Massenmedien – Fotografie, Text, Video –, erhalten so neben ihrer denotativen Bedeutung auf der konnotativen Ebene vieldeutige Bedeutungspotentiale, die Barthes vor dem Hintergrund moderner Kulturen ideologisch aufgeladen sieht. Denotativ ist die Bezeichnung eines Dinges, Verhältnisses oder einer Eigenschaft. Das Denotat ist also das, was das Zeichen bezeichnet in seiner kontext- und situationsunabhängigen Grundbedeutung. Konnotativ spielt auf die Nebenbedeutungen an, die eine Sache in einem gewissen Kontext oder der Darstellungsweise haben kann.

Die Bedeutung liegt dabei aber nicht mehr allein im Text oder Bild selbst, sondern entsteht erst durch die Interaktion mit dem Rezipienten vor dem Hintergrund gewisser Diskurse. Die vielfältigen Bedeutungspotentiale sind dabei prinzipiell offen, bleiben letztlich aber nicht willkürlich; denn sie werden vor allem vor dem Hintergrund kultureller Formationen und Wissensordnungen erzeugt. Der Mythos, und das ist einer seiner wichtigen Funktionen, verkehrt Geschichte in Natur. Und diese wird in aller Regel als unweigerliches Faktensystem gelesen.

Damit führt der Mythos eine Notwendigkeit und Kausalität ein, wirkt durch sie und wird so zu einem drängenden und sich aufdrängenden Erklärungsmodell. Erst die Entlarvung einer Darstellungsweise *als* und die damit einhergehende Analyse *des* Mythos offenbaren den (nicht deterministischen) Zusammenhang von Bedeutung und das Erklärungspotential der Darstellung. Um die Bedeutung von Texten oder anderen kulturellen Artefakten herausheben zu können, bieten sich die Hermeneutik und ihr Analyseinstrumentarium an.

Die Hermeneutik

Unter Hermeneutik wird seit der Mitte des 17. Jahrhunderts eine geisteswissenschaftliche Methodenlehre der Auslegung von Texten oder gesprochener Rede verstanden, die das Verstehen und die Sichtbarmachung des Sinnes ermöglicht, der sich in den zu interpretierenden Artefakten *befindet*.[26] Der Begriff *Hermeneutik* entstand erst in der Neuzeit wurde zuerst von dem Straßburger Philosophen und Theologen Johann Conrad Dannhauer verwendet. Er stammt vom griechischen *hermeneuein*, der soviel meint wie *auslegen* oder *erklären*. Aus der allgemeinen Hermeneutik entwickelten sich besondere Hermeneutiken, die dem jeweiligen Textgegenstand angepasst waren. So spielt sie in der Theologie, Literaturwissenschaft und der Rechtswissenschaft eine grundlegende Rolle. Bereits im 16. konstituierte sich die Hermeneutik vor dem Hintergrund, dass nun den klassischen Texten der Antike sowie der Bibel ein geheimer Sinn unterstellt wurde, den es mittels einer entsprechenden Methode zu explizieren galt. Der Schöpfer gab durch das Buch der Bücher einen kurzen Blick auf sein Wirken. Und ein richtiges Verstehen der Bibel und ihrer Texte führten dann, so die Sichtweise, auch zu einem Verständnis von Gottes Willen. Das Interpretieren und Verstehen von Texten begleitet die Menschen, seitdem sie Texte produzieren, archivieren und verteilen können. Besonders juristische Texte – also Gesetzestexte –, literarische Texte sowie religiöse Schriften, die meist über viele Generationen weitergegeben wurden, mussten ausgelegt und verstanden werden. Und dieses Verstehen hatte dann auch unmittelbare praktische Folgen, was über Gesetze und religiöse Handlungsvorgaben einsichtig wird. Interpretieren und Verstehen bilden in diesem Sinne eine untrennbare Einheit. Die Interpretation ist der Weg, an dessen Ziel die Sinnerschließung des Textes, sein Verstehen steht. Aber das Ziel ist auch ein Teil des Weges, und damit gehen Interpretation und Verstehen bzw. Sinnerschließung Hand in Hand. Aber wann haben wir einen Text oder ein Bild verstanden und was lässt uns sicher sein, es verstanden zu haben? Verstehen meint hier nicht einen angenommenen unveränderbaren Fixpunkt, einen geradlinig zu erreichenden Punkt, sondern einen stufenweisen und vielgestaltigen Prozess des Verstehens. Und auch die Inhalte des Verstehens sind vieldeutig, zumindest vielschichtig. So gibt es nicht – und das wird unten nochmals deutlicher hervorgehoben – die eine gültige Interpretation, die einzig *richtige* Art des Verstehens eines Textes, sondern eine Vielheit von Möglichkeiten, die nur durch die Fragestellung, die man an den zu interpretierenden Gegenstand heranträgt, reduziert wird. Die Validität zieht dann ein Interpretationsergebnis aus seiner Nachvollziehbarkeit der Interpretationsschritte und der Zielsetzung der Interpretation. Während z.B. bei der Interpretation eines Erpresserbriefes ein relativ klar umgrenztes Ziel formuliert und später abgeglichen werden kann, z.B. die möglichst weitreichende Demaskierung des Täters (Profilerstellung) und die Ernsthaftigkeit seines Unterfangens, mag dies bei einem literarischen Text nicht so leicht sein. Auch wenn man als feste Zielsetzung die Erschließung des *Sinns* des Textes ausgibt, heißt das nicht, dass man den *einen*, alles einschließenden Sinn auch identifizierbar herausarbeiten kann. Vielmehr wird man unterschiedliche Sinndimensionen des Textes antreffen, die alle eine gewisse Geltung ausweisen können. Die Reichweite der Geltung hängt derweil auch von der Nachvollziehbarkeit der Interpretation und dem sozio-kulturellen Hintergrund ab, vor dem sich die Interpretation abspielt. Beim Erpresserbrief gibt es die künstliche Setzung eines Zieles, den Erpresser zu demaskieren. Ist dies geschehen und der Täter verurteilt, kann dies als Endergebnis festgestellt und die Interpretation als erfolgreich ausgewiesen werden. Bei einem literarischen Text gelingt dies ohne Weiteres nicht. Aber auch wenn man sich einem Text erstmalig zuwendet, seinen Wörtern, Sätzen, darüber seinem Inhalt, dann entwirft sich das Verstehen nicht aus dem Nichts, vielmehr tragen wir ein gewisses Vorverständnis an den Text heran – unsere Voreinschätzungen, Sichtweisen und Meinungen von dem besprochenen Gegenstand, aber auch von der Welt und dem Dasein allgemein –, die es uns erst ermöglichen, die in einem Text enthaltenen Inhalte an das eigene Wissen und Verstehen *anzudocken*. Das Verstehen entwirft sich ausgehend vom Vorverständnis des Interpreten in den Text hinein und zugleich aus ihm heraus.

Im Sinne eines Zirkels oder besser einer Spirale tragen wir unser Vorverständnis an einen Text heran. Dieses verdichtet sich zu einem Verständnis höherer Ebene, das wiederum an den Text angelegt werden kann. Damit nähern sich die beiden Verstehenshorizonte – der des Textes bzw. Produzenten des Textes und der des Rezipienten – nach und nach an und ermöglichen erst eine Form des Verständnisses.

Während sich die klassische Hermeneutik in erster Linie mit Texten auseinandergesetzt hat, werden heute nahezu alle kulturellen

Artefakte (z.B. Bilder, Filme, Videos, Möbel, Internetseiten usw.) auch hermeneutisch analysiert. Eine hermeneutische Analyse erschließt nicht nur den Sinn eine Artefaktes, sondern führt zugleich von ihm weg, indem sie Spuren identifiziert, die auf etwas anderes verweisen. Hier – aber nicht nur hier – zeigt sich die Verschwisterung von Hermeneutik und Semiotik, die beide auf Zeichen rekurrieren und ihre Bedeutung bestimmen bzw. beschreiben wollen. Hier ist nicht der Ort für einen weiterführenden Vergleich zwischen Hermeneutik und Semiotik,[27] aber zumindest für den Hinweis, dass sie beide für die Spurensuche und das Spurenfinden, für das Nachspüren von Sinn und Bedeutung eine große Rolle spielen und hierfür Methoden zu bieten haben. Wenden wir uns an dieser Stelle zunächst den *Spuren* zu, bevor dann exemplarisch Spuren in Bildern identifiziert werden sollen.

Was also ist eine Spur?

Man kann Spuren in diesem Kontext in zweierlei Hinsicht fassen, die aufeinander aufbauen bzw. in Verbindung stehen; in kriminalistischer Hinsicht werden Spuren nach einem weitgehend festgelegten Schema aufgenommen, die Spurensicherung kann als ein ausgeklügeltes Handwerk verstanden werden. Aber Spuren sind nicht nur kriminalistisch zu fassen und zu verstehen. Denn fragt man fundamentaler, was denn eine Spur sei, zeigt sich, dass Spuren bereits ein komplexes Konstrukt von Bezüglichkeiten sind.[28] Wortgeschichtlich stammt die *Spur* vom althochdeutschen *spor* (8. Jh, ab dem 14. Jh. *spur*, germanisch *spura*, *spuram*). Das *Deutsche Wörterbuch von Jacob Grimm und Wilhelm Grimm* vermerkt zum Begriff Spur:

„SPUR, f. vestigium.
1) formelles. spur steht neben dem gemeingermanischen neutr. spor (theil 10, 1, 2674 f.), welches den durch niedertreten oder

-stoszen gebildeten eindruck des fuszes im boden bezeichnet, und mit dem das verbum spüren (s. d.) in engster beziehung ist. zu diesem verbum wird das substantiv ahd. spurunga, handlung des spürens, spürung (Graff 6, 356) bezeugt; daneben musz es auch ein ahd. nicht bezeugtes *spurî und *spura gegeben haben, von denen ersteres mit spurunga gleichsinnig war, das letztere mehr die art und fähigkeit des spürens ausdrückte. beide bildungen sind seit dem mhd. als spüre, spür und als spur bezeugt: die erstere noch bis ins 16. jahrh.: der jeger machte sich mit seinen hunden auff die spür nach holtze zu. [...]
2) die bedeutung des wortes geht zunächst auf den hinterlassenen eindruck der fusztritte eines wildes oder menschen, im collectiven singular: spur, f. vestigium Schottel 1420.
a) beim wilde, als technischer ausdruck der jäger: spur bedeutet eben das, was färthe heisset. [...]
b) spur, anzeichen der fusztritte eines menschen".[29]

Betrachten wir die Spur und ihre Attribute etwas genauer.[30] Am Beispiel des Bildes von „Spuren im Sand" lassen sich viele Attribute der Spur verdeutlichen.
Der Sand ist ein passives Medium, die Spur wurde ihm aufgeprägt, und wird auch von selbst wieder verwittern, ohne dass er etwas dazu beitragen würde. Diese banale Einsicht hat mehrere interessante Konsequenzen. Zum einen wird deutlich, dass der Sand nicht die Spur ist, sondern nur ihr Trägermedium. Die Spur ist der Abdruck, die spezifische Formatierung des Sandes, die eine Veränderung des ursprünglichen Zustandes darstellt, eine Störung und Veränderung der vorherigen „Ordnung". Um eine Spur als solche erkennen zu können, muss man die vorherige Ordnung kennen. Ansonsten bleibt alles nur ein Hintergrundrauschen, ein formloser Teil der materiellen Grundlage (hier: des Sandes).
Das Erkennen einer Spur – oder anders ausgedrückt: Durch die Zuschreibung, dass etwas eine Spur sei, drückt sich ein gewisses

Maß an Kenntnis über die verursachende Quelle der Störung aus. Etwas gehört nicht zur *Ordnung* und kann und muss dergestalt von ihr unterschieden werden. „Spuren hinterlässt, wer fremd ist in dem Raum, in dem er sich bewegt. Fische hinterlassen keine Spuren, Spuren sind Einbruch eines fremden Jenseitigen in das wohl vertraute Diesseits."[31]

Die Spur selbst *schweigt*, sie ist passiv und kann nicht befragt werden. Alles, was man ihr entlocken kann, stammt letztlich vom Betrachter, entspringt seiner Erfahrung, seiner Wahrnehmung und Kreativität. Dergestalt ist das, was man als Spur bezeichnet und über sie erzählt, eine Narration des Betrachters, die auf seiner Interpretationsfähigkeit fußt. Ein Attribut der Spur ist ihre informelle Unvollständigkeit. Sie ist nicht das, was sie ausgelöst oder produziert hat. Sie ist nur ein scheinhaftes Abbild, ein geringer, formierter Teil, der auf etwas anderes – seinen Produzenten – hindeutet. Die Zeitstruktur der Spur ist die Vergangenheit. Denn sie deutet auf etwas Abwesendes, das vorher einmal anwesend war. Eine Spur ist in dieser Form kausal und temporal an seinen Verursacher gebunden. Dabei ist allerdings ihre Unmotiviertheit hervorzuheben. Eine Spur entsteht ihrem Wesen nach unmotiviert, gleichwohl sagt sie etwas über die Motivation des Spurenproduzenten aus. Sie kann die Richtung (wohin?) und Intensität (z.B. Tiefe und Struktur des Fußabdruckes = gelaufen oder gerannt?) angeben, die entsprechend etwas über die Absichten des Spurenerzeugers aussagen können. Legt man sie bewusst, ist es z.B. eine fingierte Spur, eine „falsche Fährte", auf die man geführt werden soll. Spuren entstehen nicht aus der Absicht heraus, Nachrichten zu übermitteln oder sich mitzuteilen, sondern sie sind eine unmotivierte Begleiterscheinung des Handelns. Sie entstehen, verweilen und vergehen wieder, sie sind in der Regel flüchtig. Diese Flüchtigkeit ist nicht nur durch den materiellen Eindruck gegeben, sondern durch ein allgemeines Eingelassensein einer Spur in die Zeit, in weitere Spuren, in eine Geschichte. Das Extrapolieren von einer

Spur auf eine Geschichte und damit die Rekonstruktion einer solchen Geschichte wird mit dem Vergehen der Zeit immer schwerer. Es sind die „frischen" Spuren, die noch ein hohes Maß an Kontextualität besitzen, die zu einer Fährte zusammengefügt werden können und so die Möglichkeit, den Verursacher der Spuren zu erreichen, vergrößern. Warum sollte man nun Spuren lesen und den Blick auf sie lenken? Spuren können, je nach der aus ihr konstruierten Narration und dem Gesamtkontext, Handlungsmöglichkeiten und -ansätze für das weitere Vorgehen bieten. Sie bieten einen *Anhalts-*, einen *Anhaltepunkt*, sie offerieren eine Orientierung. Gehe ich ihr nach, entferne ich mich schnellstmöglich von ihr (weil z.B. Gefahr lauert), suche ich nach weiteren Spuren, die getroffenen Annahmen über den Ursprung der ersten Spur geben können usw. Man muss sich in unklaren Situationen auf sein *Gespür* verlassen, auf seine Fähigkeit, undeutliche Zeichen einzuschätzen und einer ersten Bewertung unterziehen zu können. Denn das Spurenlesen – der Akt des Lesens und Interpretierens – ist ein Wahrnehmungsakt, der im Vollzug der Unterscheidung von Spur und Nicht-Spur diese beiden erst hervorbringt und die Spur – ein Verweis auf das Fremde und Abwesende – in eine Narration einbettet. Eine einzelne Spur reicht da meist nicht aus. Erst im Rahmen weiterer Spuren lässt sich ein Netz spinnen, das zu einer Erzählung führt (z.B. über den Täter, Tathergang, den Fremden oder Abwesenden), die eine gewisse Geltung beanspruchen kann. Das Auffinden von Spuren wird zur Fähigkeit, *Geschichten* zu generieren, in denen sich die vorgefundenen Dinge, Zeichen oder Artefakte sinnvoll einbetten lassen. So wird aus 1000 Spuren dann *eine* Erzählung.[32] Hier wird deutlich, dass das Spurenlesen in einer Reihe von Fachgebieten von großem Nutzen und anzutreffen ist. Sei es in der Archäologie, der Medizin (man denke an die medizinische Spurensuche zum EHEC-Erreger), der Geschichtswissenschaft oder der Literaturwissenschaft, überall wird mit Spuren gearbeitet, die es aufzuspüren und einzubetten gilt.

Wenden wir uns nach dieser geisteswissenschaftlichen Sichtweise auf Spuren und das Spurenlesen in einem zweiten Schritt kurz und kontrastiv der Spur in der spurenkundlich-polizeilichen Praxis zu.[33] Spuren spielen in der polizeilichen Praxis eine auch heute noch uneingeschränkt große Rolle und haben einen hohen Stellenwert. „Spuren sind in vielen Fällen einziges objektives Mittel zum Nachweis einer deliktischen Handlung. Nur wenn die spurenkundlichen Belange bei der polizeilichen Arbeit in ihrer Bedeutung von Beginn an richtig eingeschätzt werden, ist gewährleistet, Spuren auch erfolgversprechend untersuchen und auswerten zu können."[34] Am Tatort werden die objektiven Spuren von einem Spurensicherungsmann gesichtet und in einem Spurensicherungsbericht festgehalten und kurz beschrieben. Wann aber wird aus einem Objekt eine Spur? „Objekte werden nicht von selbst zu einer Spur, [...] sondern erst aufgrund gedanklicher Arbeit, welche mit weitreichenden Annahmen und Unterstellungen jongliert. Alle angetroffenen Gegenstände werden nämlich unter verschiedenen Gesichtspunkten denkbarer Tatabläufe betrachtet."[35] Ein Objekt wandelt sich dergestalt erst zu einer Spur, wird sozusagen zu einer konstruierten Spur, wenn es mit einer vermuteten Tatablaufgeschichte korrespondiert.

Im Rahmen der modernen Spurenkunde werden Spuren nach unterschiedlichen Kriterien eingeordnet und in eine materielle Spurensystematik gegossen. Dabei wird in der Kriminalistik unter einer Spur eine Veränderung in der materiellen Umwelt verstanden, die Hinweise und Rückschlüsse auf die sie verursachenden Abläufe ermöglicht. Je nach Straftat kommen ganz unterschiedliche Spuren infrage. Mittels einer Spurensystematik lassen sich Spuren nach unterschiedlichen Kriterien einteilen und ordnen, z.B. in Straftatenbereiche, durch allgemeine spurenkundliche Problemstellungen oder mittels der Spurenarten. Im Rahmen der Darstellung der Operativen Fallanalyse und des Tatorts als semiotisches Vieleck werden wir uns erneut der Spur zuwenden.

Spuren in Bildern lesen – Bildinterpretation

Es gibt eine Reihe und Methoden Bilder bzw. Fotos zu interpretieren. Die Bildinterpretation gilt in den Sozialwissenschaften als wichtige, aber auch schwierige Methode, um aus Bildern mehr als nur Oberflächliches zu lesen. Aber gerade aufgrund der Tatsache, dass Bilder und Bilderfahrungen zentraler Bestandteil der heutigen Welt- und Wirklichkeitserfahrungen sind, spielt das Bildverstehen in den Sozialwissenschaften eine wichtige Rolle.[36] Die Weltaneignung in der Gegenwart erfolgt in einem hohen Maße nicht mehr nur durch eigene, also *Primärerfahrungen*, sondern aufgrund der Allgegenwart der Medien und ihrer Rezeption auch über Bilder. Bildverstehen wird damit zu einer wichtigen Fähigkeit, um sich in der Gegenwart zu bewegen. In (sozial-)wissenschaftlicher Hinsicht wiederum spielt dieses Bildverstehen der Menschen, das wie und warum des Einsatzes von Bildern für Kommunikations-, Identitäts- oder Bildungsprozesse eine wichtige Rolle. Es ist an dieser Stelle nicht der Ort über die Vielzahl an Methoden und Formen der Interpretationsmöglichkeiten zu berichten bzw. diese darzustellen. Gleichwohl sollen einige wenige Hinweise als Rahmung dienen, bevor die eigentliche kurze Beispielbildanalyse beginnen soll. Die visuellen Erzeugnisse und Artefakte einer Kultur können über hermeneutische und sozio-semiotische Verfahren analysiert werden. In diesem Rahmen werden sie dem Prozess des Verstehens kultureller Produkte unterzogen. Bilder und das, was sie zeigen, werden in einen kulturellen und historischen Bedeutungszusammenhang gestellt. Dabei wird – analog zum Text – davon ausgegangen, dass es kulturelle Muster, Diskurse oder Strukturen gibt, die den Dingen, Situationen oder den (sichtbaren) Handlungen eine Fassung aus Bedeutung geben. Diese Muster lassen sich in einem Bild rekonstruieren, es lässt sich danach fragen, welche Bedeutung das jeweilige Artefakt in der Gesellschaft hat und welche Funktion es erfüllt. So sagt

z.B. eine Bank, wenn man sie als solche identifiziert hat, nicht nur aus, dass man auf ihr sitzen kann, sondern auch, wie man auf ihr sitzen kann (z.B. hoch, tief, bequem, unbequem usw.).
Bilder bzw. Fotos erschließen sich vordergründig auf „den ersten Blick", wir erkennen, was darauf gezeigt wird. Aber oft lassen erst ein genauer Blick und eine reflexive Haltung Spuren und Hinweise erscheinen und sichtbar werden, die zuvor bewusst nicht wahrgenommen wurden. So können Bilder etwas darüber aussagen, wie der Bildproduzent etwas in Szene gesetzt hat oder welche kulturellen Praktiken durch das Bild aufgezeigt werden. Das alles spielt sich auch vor dem Hintergrund unserer Sehgewohnheiten ab, die in einer Gesellschaft durch die Art und Form der Bildprodukte (Fotos, Computerbilder, Videos, Filme usw.) vermittelt wird. Das nachfolgende Bild, das interpretiert werden soll, will weniger etwas über den Fotografen erfahren – versucht also nicht den Fotografen zu demaskieren (und dafür gäbe es auch einige Anhaltspunkte) –, sondern über kulturelle Muster und Symbole, die das Bild darstellt.

Interpretationsbeispiel – Bild

Das nachfolgende einfache Bildbeispiel und seine Kurzinterpretation sollen kurz verdeutlichen, wie zeichenbehaftet Räume sind bzw. sein können. Der Begriff der Interpretation beinhaltet genau genommen zwei Bedeutungsebenen. Zum einen meint er den prozesshaften Vorgang des Interpretierens. Dieser ist an eine Zeit- und Raumkomponente gekoppelt. Die Interpretation *vollzieht* sich zu einem bestimmten Zeitpunkt und an einem bestimmten Ort. Die Interpretation, die anschließend z.B. textlich vorgestellt wird, ist dann zumeist (wenn es sich nicht um eine vollständig transkribierte Interpretationssitzung handelt) eine reduzierte Ergebnisdarstellung. Denn die vielen ausgesprochenen Abwägungen, Hypothesen oder Einschränkungen, die während der Inter-

pretation produziert werden, werden meist nicht in einem späteren Übertrag in eine Text- oder Aufsatzform vollständig geleistet. Dort geht es meist um eine stringente Darstellung und Herleitung des Interpretationsergebnisses. Bei der hier vorgenommenen Darstellungsinterpretation handelt es sich sozusagen um ein aufgelöstes Interpretationsergebnis, das den dialektischen Prozess einer Interpretation allein aus Platzgründen nicht wiedergeben kann. Die nachfolgende Darstellung ist damit kein Beispiel für eine Interpretation, sondern möchte vielmehr deutlich machen, wie einzelne Bedeutungsbezüge zwischen Bildaspekten hergestellt werden können.Vielmehr wird die abschließende *Erzählung*, d.h. das Ergebnis der Interpretation nachgezeichnet und vorgestellt. Und auch hierbei bleibt die Darstellung reduktionistisch. Ziel ist es, die Zeichenhaftigkeit des sozialen Raumes und die *Wirksamkeit* der Zeichen, die oftmals latent wirken, zu verdeutlichen.
Eine oberflächliche Beschreibung des Bildes kann wie folgt aussehen: In der Mitte des Bildes sieht man in unterschiedlicher Anordnung drei arm- und rückenlehnenlose Sitzbänke, von denen zwei gerade verlaufen und eine in L-Form. Die Bänke stehen in einem Bereich, der einen schotterartigen Untergrund hat, dieser wird von Betonplatten wegförmig umrahmt. Zwei Bäume, von denen man nur die Stämme erkennen kann, markieren – neben dem Betonplattenweg – die Grenze des inneren Bereiches.
Im Hintergrund zeigt sich ein Teil eines Gebäudes, eine Glasfensterfront, die Räume dahinter sind von Lampen erhellt. In einem Fenster lässt sich eine Lichtspiegelung erkennen. Vor der Fensterfront sieht man ebenfalls zwei Sitzbänke. In gleichmäßigen Abständen ist der Platz eingerahmt von großen roten Säulen. Vor der Fensterfront lässt sich zugleich ein Papierkorb erkennen. Am rechten oberen Eck des Bildes kann man im Grün stehende Bäume sehen, zusammen mit einem Geländer, das nach unten weist. Weiterhin sieht man insgesamt sieben rote Säulen, deren Enden nicht mehr auf dem Bild zu sehen sind. Eine augenfällige Betrachtung

zeigt die Säulen in einem festen, gleichen Abstand zueinander. Beginnt man nun nach dieser kurzen Beschreibung mit der Interpretation, die als Vorannahme beinhaltet, dass etwas immer auch auf etwas anderes verweist und durch diesen Verweis – als Teil einer Verweisungsstruktur – erst seine Bedeutung erhält,[37] kann man sich auf Spurensuche begeben und der Verweisungsstruktur nachspüren. Und damit spielt die Hypothesengenerierung eine wichtige Rolle. Die Interpretationsaussagen können als Hypothesen verstanden werden, die sich nach und nach zu einem Netz aus Hypothesen verbinden, die letztlich zu einer *Erzählung* führen, die wahrscheinlicher ist, als andere mögliche Erzählungen, die ebenfalls aus den Daten abgeleitet werden könnten. Gesellschaftsmitglieder wissen mehr oder weniger über die Praktiken und die alltäglichen Bedeutungen von Handlungen Bescheid und können darüber Auskunft geben. Valider wird eine Interpretation, wenn sie in einer Gruppe von kompetenten Mitgliedern einer Interaktionsgemeinschaft durchgeführt wird. Geistig verwirrte oder kranke Menschen oder Kinder sind dergestalt zur Durchführung einer solchen Interpretation nicht oder nur bedingt geeignet. Dies bedeutet gleichwohl nicht, dass eine solche Interpretationssitzung nicht sehr gewinnbringend sein könnte. Ganz im Gegenteil können dabei interessante Ergebnisse, die aus einer – dem normalen Erwachsenen meist fremden – Perspektive gewonnen werden, hervorgebracht werden. Zugleich würde eine solche Sichtweise möglicherweise auch die impliziten Vorannahmen, die eine Gesellschaft oder eine Situation begleiten, deutlicher zutage treten. Allerdings stünde dem Plädoyer, eine jede Interpretationsgruppe mit einem solchen *unberechenbaren Wirbel* auszustatten, sicherlich eine noch größere Anzahl von praktischen Problemen gegenüber, die eine Umsetzung verunmöglichen.[38]

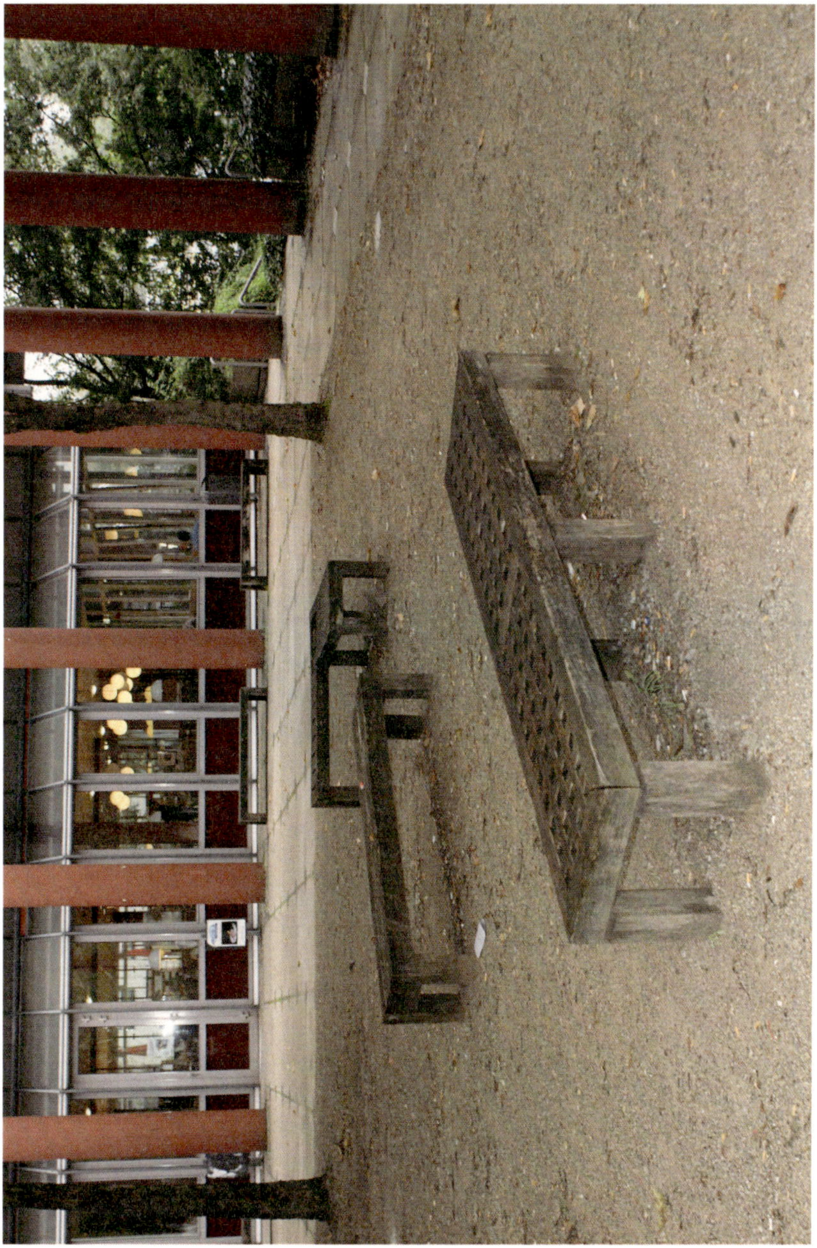

Das Interpretieren in einer Gruppe ist deshalb von Vorteil, da so der *Fundus* gesellschaftlicher Relevanzen, Bedeutungen und Handlungen vergrößert, aber auch in seiner Einschätzung genauer wird. Die Gefahr der falschen Schwerpunktsetzung oder des *Vergaloppierens* während einer Interpretation wird geringer.

Zunächst muss geklärt werden, auf welchen Aspekt man seine Aufmerksamkeit richten will. Will man mehr über den Fotografen des Bildes herausbekommen oder über den Ort, der dort abgelichtet wurde? Natürlich spielt beides ineinander, aber dennoch verschiebt sich die Aufmerksamkeit auf das Bild. Bei Fragen zum Fotografen und seinen fotografischen Fähigkeiten (z.B. Amateur oder Profi) spielen die Perspektive, Belichtung, Kontrast, Ausschnitt und weitere kompositorische Aspekte der Aufnahme eine wichtige Rolle. Will man aber mehr über den Ort erfahren, der dort gezeigt wird, was er über eine Kultur, Gesellschaft und die Personen, die in diesem kulturell vorgeprägten Raum verkehren, aussagt, dann wird man andere Aspekte in den Blick nehmen müssen.

In Anlehnung an die o.g. Ausführungen soll das Bild aus einer kultursemiotischen Sichtweise interpretiert werden. Damit rücken – wie erwähnt – Fragen nach dem Fotografen oder ästhetische Bildmomente mehr in den Hintergrund (werden aber nicht gänzlich bedeutungslos). Im weiteren Verlauf sollen vier Bildaspekte ausgewählt und interpretiert werden. Dies sind 1. die Säulen, 2. ein sozialer Repräsentant, der im Verlauf genauer bezeichnet wird, 3. die Bänke und 4. die im Hintergrund zu sehende Glasfassade.

1. Die Säulen

Die im Hintergrund und am rechten Rand zu sehenden Säulen sind in gleichen Abständen angeordnet. Zudem lässt sich durch die Anordnung eine viereckige Umrahmung des Raumes durch die Säulen vermuten. Säulen haben in der abendländischen Ge-

schichte eine lange Tradition. In Ägypten und der Antike trugen sie meist die Gewölbe von Tempeln und ersetzten die Wände. Die Verbindung von Säule und Tempel ist hier sehr stark. Was aber ist das Besondere von Tempeln? Neben der Anbetung und Ehrerweisung der Götter waren es die Priester, die das Wissen ihrer Zeit besaßen und verwalteten. Sie waren Eingeweihte und Wissende. Im Mittelalter waren sie die Hüter der Bücher und damit des Wissens. Die Verbindung Säule – Tempel – Priester – Wissende lässt sich demnach als eine Hypothese aufstellen. Orte des Wissens, Bibliotheken, wurden ebenfalls mit Säulen versehen. Aber im Verlauf der Zeit wurden auch andere Gebäude mit Säulen gebaut: Repräsentative Gebäude des Staates, Gericht, Parlament oder einfach Häuser von Herrschern oder wichtigen Personen. Somit erhielt man zudem die Verbindung von Wissen und Macht. Säulen tragen etwas, das ohne sie zum Einsturz verdammt wäre. Man spricht in personifizierter Form auch von Säulen der Gesellschaft oder Säulen des Staates. Wenn nun der Platz und das Gebäude auf unserem Foto von Säulen flankiert oder eingerahmt werden, kann man die Hypothese aufstellen, dass es in einer der genannten Traditionen steht. Es ist ein öffentliches Gebäude. Kann man es für ein Gericht halten? Oder für ein repräsentatives Bauwerk des Staates? Möglich ist dies. Es kann aber auch eine öffentliche Bibliothek oder eine Bildungseinrichtung sein. Sieht es aus wie eine Grundschule oder ein Kindergarten? Dies würde man eher verneinen, da man solche aus der Erfahrung damit nicht verbinden würde.
So bleiben zunächst als Hypothesen Öffentlichkeit, die Verbindung von Wissen und Macht, Wissenshüter, staatliche Repräsentanz und auch eine gewisse Ausgewähltheit. Denn die Säulen, die – wie man vermuten kann – in einem Viereck um den zu sehenden Innenraum angeordnet sind, bilden auch so etwas wie eine Grenze. Ihre dichte Anordnung wirkt nicht nur *tragend*, sondern steht im Spannungsfeld von Offenheit und Abgegrenztheit. Wen-

den wir uns an dieser Stelle den weiteren ausgewählten Bildaspekten zu, um zu sehen, ob sich gewisse Aussagen validieren lassen oder eher unwahrscheinlicher werden.

2. Der soziale Repräsentant
Auf dem Bild ist ein kulturelles Artefakt zu sehen, das man als sozialen (und auch staatlichen) Repräsentanten bezeichnen kann. Es handelt sich hier um den Mülleimer, der im Hintergrund zu sehen und mit einem Plakat beklebt ist. Der Mülleimer „schreit" in gewisser Hinsicht nach unserem Abfall, indem er anzeigt, dass der Müll dort entsorgt werden soll. Er erinnert uns daran, dass unser Müll nicht einfach irgendwo hingeschmissen wird, sondern dass es eine vorgegebene soziale Struktur gibt, den Müll zu entsorgen. Natürlich kann man seinen Müll auch einfach vor sich hinwerfen, aber man begeht einen Normbruch. Und an die Norm, dass der Müll ordentlich entsorgt werden muss, erinnert uns der Mülleimer. Er wird damit zu einem sozialen Wächter und Leuchtturm. Aber seine Anwesenheit zeigt darüber hinaus auch, dass es Menschen gibt, die innerhalb gewisser Zeitintervalle kommen, um ihn zu leeren. Der Mülleimer – in seinem geleerten Zustand – weist zudem darauf hin, dass die soziale Ordnung diesbezüglich intakt ist. Wie wichtig und wirksam solche Zeichen sind, zeigt sich anhand der *broken-windows-theory*.[39] Diese fußt auf der von der Chicagoer Schule entwickelten Theorie der *delinquency areas*, in denen die soziale Kontrolle auf ein Minimum abgesenkt ist. Die broken-windows-theory geht davon aus, dass bereits harmlose Anzeichen von mangelnder sozialer Kontrolle zu zunehmender Verwahrlosung bis hin zur Ausbildung von Angst--Räumen führen können. Am Beispiel eines zerbrochenen Fensters eines Hauses kann man dies verdeutlichen: Wird das Fenster in einem gewissen Zeitraum nicht repariert, werden nach einer Zeit weitere Fenster zerstört, irgendwann werden die Türen beschädigt und zerstört sein, bis schließlich das Haus vollkommen

verwahrlost ist und dies möglicherweise auf andere Häuser „überspringt". Eine zerbrochene Scheibe eines Hauses oder Autos ist ein subtiles Zeichen, dass etwas nicht stimmt, dass die soziale Kontrolle abgesenkt ist. Kümmert sich niemand um den Schaden, wird dieser Umstand weiter unterstrichen.

Es ist nicht so, dass, die Täter sich dieses Umstandes in seiner theoretischen Breite bewusst wären, aber anhand der Praxis haben sie gelernt, dass „herrenlose" Autos oder Häuser nicht mehr im Blick der sozialen Kontrolle durch die Mitmenschen sind. Und damit öffnet sich ein Feld für deviantes Verhalten. Denn das Anzeichen von fehlender oder mangelnder sozialer Kontrolle weist zugleich auf eine kaum einsetzende Verfolgung dieser Normverletzung (weitere Zerstörung oder Vandalismus) hin. Im Falle des Mülleimers auf unserem Bild würde ein überquellender Mülleimer auf einen Fehler oder eine Abweichung im sozialen Prozess des Müllentsorgens hinweisen und damit auf die Abwesenheit jener Mächte, die für die Einhaltung dieser Norm zuständig sind (Stadt, Müllabfuhr, Ordnungsamt etc.). Umgekehrt zeigt ein geleerter oder normal gefüllter Mülleimer an, dass diese soziale Struktur vonseiten der Verantwortlichen als auch vonseiten der Nutzer (sie werfen ihren Müll in den Abfall) eingehalten wird, was latent auf jeden Einzelnen und seine Normtreue positiv zurückfällt. Damit ist der Mülleimer nicht nur ein Mülleimer, sondern verweist *wirksam* auf eine soziale Struktur (Müllentsorgung), die wir in der Regel einhalten.

3. Die Bänke
Auch die Bänke *schreien* etwas heraus, wenn man sie genau betrachtet und ihnen „zuhört". Sie sind etwas verwittert, aber befinden sich in einem funktionalen Zustand. Was genau ist das für eine Funktion, die sie erfüllen sollen? Bänke sind zum Sitzen da, das ist banal. Schaut man sich die Bänke genauer an, dann fällt auf, dass sie weder Arm- noch Rückenlehne haben. Und das Ma-

terial – das Holz – lässt ebenfalls nur eine bedingte Bequemlichkeit zu. Vielmehr scheinen die Bänke sagen zu wollen: „Setz dich hin, verweile einen gewissen, überschaubaren Zeitraum und dann gehe wieder deines Weges." Auf den Bänken ist nicht gut lange zu verweilen. Zudem lässt auch ihre Anordnung – mit Ausnahme der L-Bank – kaum eine bequeme Möglichkeit zu, sich als Gruppe dort niederzulassen und sich zu unterhalten. Man sitzt nebeneinander, und wenn vier Personen nebeneinandersitzen und sich unterhalten wollen, ist eine gerade Bank ein denkbar ungünstiges Kommunikationssetting. Meist lehnt sich einer der Sprecher nach vorn (oder nach hinten), um alle ansehen zu können. Wenn dann Sitznachbar eins mit Nummer vier sprechen möchte, dann werden weitere Verrenkungen gemacht, um vielleicht hinter dem Rücken von zwei und drei mit der Nummer vier sprechen zu können.

Alles in allem deuten die Bänke darauf hin, dass hier nur eine kurze Verweildauer für die dort Vorbeikommenden vorgesehen ist. Die Bänke prägen einen unkommunikativen Rahmen. Zudem sind solche Bänke auch deshalb so gestaltet, weil sie Obdachlosen keinen angenehmen Ruhe- und Rastplatz bieten sollen. Ohne Arm- oder Rückenlehne bieten sie keinen Halt, und man droht im Schlaf herunterzufallen. Aber auch für Gruppen von Jugendlichen, die sich gerne auf Spiel- oder anderen Plätzen treffen, sind die Bänke zu *unkommunikativ*, sie stehen zu weit auseinander, um einer Gruppe gemeinschaftlich Platz zu bieten. Und auch die bereits angesprochene Bequemlichkeit unterstreicht ihren ausladenden Charakter. Unterstützt wird dies noch durch die Offenheit des Platzes. Er bietet keinen Sichtschutz oder eine Deckung. Man kann, so wie es den Anschein hat, von allen Seiten die Bänke gut einsehen. Man sitzt nicht geschützt, sondern auf dem „Präsentierteller". Zusammenfassend für die Bänke lässt sich daher sagen: Sie wollen für einen gewissen, überschaubaren Zeitraum (Zigaretten- oder Kaffeepause?) einen Platz zum Verweilen bieten, ohne jedoch so einladend und gemütlich zu wirken, um *später* Ruheort für nicht erwünschte Personen zu werden.

4. Die Glasfassade
Im Hintergrund ist eine Glasfassade zu sehen, die den Ausschnitt des Gebäudes kennzeichnet. Man kann durch sie in das Gebäude hineinsehen. Man sieht, dass das Licht eingeschaltet ist, auch einige Menschen lassen sich erkennen. Eine Glasfront ist dadurch gekennzeichnet – auch das klingt banal –, dass man durch sie hindurchsehen kann. Wollte man aber nur ein Hindurchsehen von innen nach außen erreichen, hätten es ggf. auch einfache Fenster getan. Eine Glasfassade will ungleich mehr. Sie will Transparenz schaffen. Sie will für die Außenstehenden anzeigen, dass im Gebäude nichts verborgen wird, dass nichts Geheimnisvolles geschieht, sondern dass jedermann Einblick nehmen kann durch die transparente Außenhülle. Sie will sich als Teil der Öffentlichkeit inszenieren, ohne damit zugleich der Öffentlichkeit einen *transparenten*, physischen Zugang zu den Vorgängen im Gebäude geben zu müssen. Überhaupt trägt das Bild den Aspekt der Ambivalenz von Geschlossenheit und Offenheit, von Freiwahl und Auswahl in sich. Die Geschlossenheit, Exklusivität und Reserviertheit werden durch die Säulen vermittelt, die – wie oben dargestellt – zudem auch Wissen, Macht und Ausgewähltheit ausdrücken. Die Säulen haben durch ihre Anordnung auch einen einschüchternen Ausdruck, der darauf verweist, dass nur jene, die zu dem Kreis der Ausgewählten gehören, auch Zugang haben und sich dort zurechtfinden. Im Gegensatz dazu will dann die Glasfassade Offenheit und Einsichtigkeit für die Außenstehenden verdeutlichen und die Ausschließlichkeit des Ortes wieder relativieren.
Führt man nun die kurzen Ausführungen zusammen und fragt danach, um was für einen Platz und Gebäude es sich handelt, kann man eine öffentliche Bildungseinrichtung vermuten. Durch den

Aspekt der Ausgewähltheit, auch wenn er durch Transparenz eingegrenzt werden soll, kann man eine Hochschule (FH oder Universität vermuten. Denn ausgewählt wird man durch einen Numerus clausus, das Abitur, eine Fachhochschulreife oder ein außergewöhnliches Talent (oder sonstige Vorgaben, die es zu erfüllen gilt). Nach der Absolvierung des Studiums wird man zu einer tragenden Säule des Staates (oder soll dies zumindest werden bzw. soll durch das Studium das nötige Potential besitzen), ist ein Wissender. Dass hinter den Türen dieser Einrichtung nichts Geheimes oder Subversives passiert, versucht die angedeutete Transparenz durch die Glasfassade des zu sehenden Gebäudes zu unterstreichen. Die Gesellschaft bzw. Öffentlichkeit hat die Möglichkeit von außen nach innen zu schauen, um sich zu vergewissern, dass alles mit *rechten Dingen* zugeht.

Die Einschätzung, dass es sich dabei um ein Gymnasium handelt – als mögliche Alternative zu einer Hochschule –, kann man tendenziell vernachlässigen, da eine Schule zugleich einen gewissen Ruhe- und Schutzraum gewährleistet und dadurch keine gebäudebezogene Transparenznotwendigkeit besitzt. Eine Schule ist meist durch Mauern oder Zäune vor zuviel Transparenz bzw. Öffentlichkeit geschützt.

Das Zeitintervall, welches man durch die Bänke, ihrer Sitzqualität und der Anordnung, vermuten kann (z.B. Zigaretten- oder Kaffeepause), unterstützt die Vermutung einer Hochschule. Der allgemeine Zeittakt liegt bei 30 Minuten zwischen den Vorlesungen (z.B. Ende der Vorlesung um 11.45 Uhr, Beginn einer neuen Vorlesung um 12.15 Uhr). Rechnet man den Weg zwischen den Hör- oder Seminarräumen ab, der bei einem großen Campus schon einmal 10 Minuten in Anspruch nehmen kann, bleibt genügend Zeit für einen kurzen Snack oder Kaffee. Ein längeres Verweilen ist nicht vorgesehen und möglich.[40]

Verdichtungen und Ausblicke

Die Kurzdarstellung eines Interpretationsergebnisses zeigt, dass in einem Bild viel mehr zu sehen ist, als es auf den ersten Blick den ersten Anschein hat. Bedenkt man zudem, dass eine wie auch immer geartete Datenlage sich meist nicht nur auf ein Bild, sondern auf Texte, Artefakte oder weitere Spuren beziehen kann, dann entsteht ein Netzwerk aus Hypothesen, das sich bedeutungsverdichtet und zu einer validen Aussage über die an den Daten herangetragene Fragestellung führt. Eine Frage, die sich an eine solche Interpretation oft anschließt, ist: Haben die Gestalter und Erbauer das alles – wenn man die Interpretation als gültig, schlüssig und einsichtig ansieht – bewusst so dort hineingelegt? Haben sie also bewusst Säulen ausgewählt, weil diese auf Wissen abzielen? Wurden die Bänke bewusst und absichtlich so konzipiert? Sind die transparenten Außenwände nicht nur Reminiszenz an eine Mode oder das für den Bau verfügbare Budget? Diese Fragen könnten selbst wieder an das Bild herangetragen und hermeneutisch ausanalysiert werden. Letztlich zielen sie aber auf etwas, das man mit objektivem und subjektivem Sinn bezeichnen und unterscheiden kann. Darüber soll im späteren Verlauf noch einmal gesprochen werden.

Deutet man nun in solch einer Form z.B. Spuren in kriminalistischen Verfahren, wie es im Rahmen der Operativen Fallanalyse gemacht wird, lassen sich Tathergänge und auch ein erstes Profil des Täters erstellen, das ein hohes Maß an Validität beanspruchen kann. Aber unser Alltag ist selbst voller Spuren und Verweise, die etwas *bedeuten* und die wir in ihrer Bedeutung entschlüsseln müssen. Zeichen und Spuren umgeben und durchdringen uns, sie lagern an uns an, lenken uns oder *bedeuten* uns selbst. Wir sind nicht nur Rezipienten von Zeichen, die von außen auf uns einströmen, vielmehr sind wir in diesem Netz aus Zeichen ein Teil desselben. Und jede Bewegung innerhalb dieses Netzes stößt

Zeichen an, die von unserem Standpunkt darin, unserer Richtung, die wir einschlagen oder einem Teil unserer Identität erzählt. Dabei hat das, was wir meinen oder denken zwar seinen Ursprung in unserer Identität, aber unsere Identität entsteht zum größten Teil aus gesellschaftlichen Zu- und Einschreibungen. Es handelt sich bei ihr nicht um einen monolithischen Block, der bei der Geburt im Individuum angelegt ist und sich dann nur entwickeln muss. Identität ist in erster Linie eine Zuschreibung von außen, die durch innerpsychische Prozesse eine persönliche Note bzw. individuelle Ausbildung erfährt.[41]
George Herbert Mead hat diesen Aspekt in seiner Gestaltung des Aufbaus der Identität durch die Unterscheidung von *I* und *Me* dargelegt. Beide sind Teil der menschlichen Identität und bedingen sich in einem wechselseitigen Prozess. Dabei ist das *Me* gesellschaftlichen Ursprungs und bildet sich durch die Rollenübernahme anderer Personen aus. Die Rollenübernahme vollzieht sich durch das Spiel, indem das Kind im Spiel einzelne Rollen – z.B. Vater, Mutter oder Feuerwehrmann – übernimmt. Es nimmt zum einen diese Perspektive an, zum anderen lernt es hierdurch, sich selbst aus dieser Rolle zu betrachten. Im organisierten Spiel mit anderen muss es dann in der Lage sein, seine übernommene Rolle – z.B. Räuber – unter Berücksichtigung der Rolle der anderen Mitspieler – den Polizisten – zu spielen, um sich wechselseitig daran auszurichten und durch Interaktion abzugleichen. Das Kind lernt in seiner Sozialisation, dass hinter den konkreten und signifikanten anderen Menschen, beispielsweise dem Vater, Zuschreibungen, Verhaltens- und Handlungserwartungen und Normen der Gesellschaft stehen. Diese Rollenübernahmen und die damit erworbenen Sichtweisen oder Haltungen sind gesellschaftlichen Ursprungs und bilden das *Me* in der Phase der Identitätskonstitution. Die Gesellschaft *schreibt* sich *ein* in die sich ausbildende Identität, ist wichtiger Teil der Identität.
„Die Identität ist nicht etwas, das zuerst existiert und dann in Be-

ziehung zu anderen tritt. Sie ist sozusagen ein Wirbel in der gesellschaftlichen Strömung und somit immer noch Teil dieser Strömung."[42]
Nun sind das Individuum und seine Identität nicht nur eine Reproduktion gesellschaftlicher Normen, Handlungen und Erwartungen; wäre dies so, könnte es keinen sozialen Wandel und keine Veränderungen geben. Bei Mead existiert daher ein weiterer Teil, aus der die Identität besteht, der impulsiv, unbewusst, spontan und kreativ ist. Das *I* ist zwar nicht völlig unabhängig von gesellschaftlichen Vorgaben – man denke an Sprache, Zeit und Raum, in die man hineingeboren wird, und die vorhandenen sozialen Rollen, die man vorfindet. Aber das *I* ist der kreative und *unberechenbare Wirbel*, der die Haltungen und Sichtweisen des *Me* (also der Gruppe, Gesellschaft) in einer Art zur Fluktuation bringen und damit Veränderungen anstoßen kann. Das Besondere an dieser Sichtweise auf Identität – die ein wesentlicher Bruch mit den herkömmlichen bewusstseinsphilosophischen Perspektiven der Identität war – lässt sich pointiert in dem Satz ausdrücken: Das Ich (Identität/Selbst) ist nicht Voraussetzung *für*, sondern Ergebnis *von* Kommunikation. Und Identität ist selbst ein fortdauernder Prozess des Wechselspiels zwischen *I* und Me und stellt zugleich die Vermittlung zwischen dem einzelnen Individuum und der Gesellschaft dar.
Der Kultur- und Kommunikationsphilosoph Vilém Flusser schlägt das Bild eines gewobenen Netzes aus Kommunikationen für unsere Identität vor, in dem „die Knoten den einzelnen Menschen und die Fäden die informationsübertragenden Medien repräsentieren. […] Die Frage, ob die Gesellschaft gut für den Menschen sein soll (rechts) oder der Mensch für die Gesellschaft (links), erweist sich dann als sinnlos, weil der Mensch ohne Gesellschaft und Gesellschaft als reine Abstraktionen aus dem konkreten zwischenmenschlichen Vernetzen gesehen wird."[43]
Damit zeichnet Flusser ein Bild, das sich ebenso von dem tradi-

tionellen Verständnis der Identität als einem monolithischen Block mit einem individuellen Kern absetzt. In unserem Alltagsverständnis, welches noch das Subjektverständnis der Aufklärung ausdrückt, wird unter Identität die Unverwechselbarkeit, Unteilbarkeit und Einmaligkeit jedes Menschen verstanden. Die Identität bildet im Alltag das Kernstück unseres Wesens, aus dem sich die rationale Orientierung des Menschen herausbildet und ableitet. Jede Person – so die traditionelle Vorstellung – trägt einen wahren Kern in sich. Die persönliche Identität ist in ihrer Kontinuität und *Eigenartigkeit* von jedem selbst und von anderen Menschen wahrzunehmen. Gegenwärtige Ansätze der Identitätsforschung – wie auch Flussers Ansatz – beinhalten nun Aspekte, die diese Perspektive des *Ichs* als einer monolithischen Instanz aufweichen, indem Aspekte wie Entfremdung, Diskontinuität oder Antinomien ebenfalls der Identität zugeschrieben werden; solcherart entstehen plurale Identitäten, Identitätsfelder, die sich überlagern, mitunter stören und unterlegen. Und zugleich wird dadurch der eigene Zugriff auf die Gestaltbarkeit von Identität in einem Maße eingeschränkt. Identitätsbildung wird zu einem Prozess, der zum großen Teil nicht mehr nur in den Händen des einzelnen Individuums liegt, sondern in ihrem Vollzug eine *Eigenartigkeit* besitzt, die zudem von Einschreibungsprozessen der Gesellschaft befördert wird. Beim soziologischen Subjekt Mead'scher Couleur bildet sich – wie erwähnt – die Identität aus der reziproken Beeinflussung der Gesellschaft und ihren kulturellen Werten.

Während in vielen soziologischen Identitätsvorstellungen im Wesentlichen immer noch ein innerer, harter Kern des *Ich* unterstellt wird oder mitgedacht werden kann, welcher sich durch den ständigen Austausch mit Anderen und der Gesellschaft ausbildet, wird dieser Kern im postmodernen Verständnis gänzlich aufgelöst. Dort wird das Individuum als ein sich ständig wandelndes und fortlaufend veränderndes Individuum gesehen, das auch eine sich in und mit der Zeit wandelnde Identität beinhaltet, welche sich auch und gerade zwischen Kulturen und Gesellschaften verändern kann. Die postmoderne Gesellschaft hat dem Menschen seine Behaustheit genommen, sein schützendes Dach einer festen Identitätsbildung. Dergestalt verliert die alte Vorstellung eines Identitätskerns ihre Passung für unsere Zeit.[44] Die Identität ist dann einer Zwiebel gleich. Man kann versuchen sich Schicht für Schicht zum Kern durchzuarbeiten, wird aber einen solchen nicht finden. Es bleiben die unzähligen Umhüllungen, Sedimentierungen und Schichten, aber es findet sich kein fester Kern.

Folgt man dem bisher Gesagten, wird ersichtlich, dass es nicht nur entscheidend ist, was man selbst denkt, was man tut. Denn das ist bereits Ergebnis und Erzeugnis einer Auseinandersetzung mit Gesellschaft, ihren Codes und Zeichen. Und das wiederum erklärt, warum andere etwas über meine Handlungen sinnhaft sagen können, auch wenn ich selbst nicht der Meinung dieser anderen sein muss. An der Aussage „das habe ich so nicht gemeint" wird das Feld zwischen Individuum und Gesellschaft und seiner Reibungskraft deutlich. Man kann versuchen, sich mit einer solchen Aussage vor Fehlinterpretationen zu schützen, aber letztlich äußert man etwas vor dem Hintergrund seiner Kultur und der jeweiligen Strukturen, die latent wirken. Es läuft dergestalt auf die Frage hinaus: Wer versteht uns eigentlich am besten? Sind wir diejenigen, die uns auch selbst am besten verstehen? Hat der Einzelne gegenüber sich selbst eine bevorzugte Stellung, was die Interpretation und das Verstehen seiner eigenen Handlungen angeht? In der Regel würde man dies mit einem selbstverständlichen „Ja" beantworten. Denn nur ich selbst weiß um meine Handlungsmotive, meine Entscheidungen oder Ziele. Aber das unterstellt, dass dem Einzelnen immer und zu jeder Zeit seine Motive, Ideen, Intentionen, letztlich der gesamte Prozess der Sozialisation und der Bedeutungszuschreibung der Gesellschaft in jedem Augenblick seiner Handlungen bewusst ist. Dass dies nicht so ist, wird schnell einsichtig, sind uns doch mehr Aspekte unseres Seins in einer Situation unbewusst als bewusst. Oft sogar führen wir Handlungen routiniert und automatisiert durch und sind uns im Augenblick ihres Vollzuges gar nicht bewusst, *warum* wir gerade dies so tun, wie wir es tun und nicht anders. Erst wenn wir uns reflexiv unseren eigenen Handlungen zuwenden, also unseren Grad der Bewusstseinsspannung erhöhen, gelingt es uns, mehr über die Gründe zu erfahren, warum wir so und nicht anders handeln oder gehandelt haben. Aber auch wenn der Mensch – um mit Helmut Plessner[45] zu sprechen – in der Lage ist, sich exzentrisch zu sich selbst zu positionieren und damit gleichsam neben sich selbst stehen kann, ist der Mensch kaum in der Lage sich gänzlich so zu erfassen, wie es ein (geschulter) außenstehender Beobachter kann. Daher kennt man Stellen (psychologische, berufliche oder beratende) im Alltag, die genau für solch blinde „Flecken" des eigenen Selbst da sind und Beratung anbieten und helfen, ein Profil von sich selbst zu erstellen (vgl. auch Kapitel 3). Das ist insofern paradox, als dass wir gemeinhin der Überzeugung sind, Herr im eigenen Haus zu sein und einen exklusiven Zugriff auf unsere Bewusstseinsinhalte, unsere Motivationen, Wünsche und Ziele zu haben; andererseits aber im Alltag permanent andere Menschen benötigen (z.B. durch Gespräche), um uns selbst zu justieren und Stellung nehmen zu können.

Ein Beispiel aus der schreibenden (literaturwissenschaftlichen) Zunft kann dies verdeutlichen. Kann man als Interpret eine Aussage über einen Autorentext treffen? Und was macht man eigentlich, wenn man eine solche Aussage versucht zu produzieren? Will man sich dem Sinn nähern, den der Autor in den Text gelegt hat? Ist dies so, ist der Autor eines Textes erster Interpret und Ansprechpartner für den Text. In der Tat ist das die alltägliche Vorstellung über das Verhältnis von Autor, Werk und Rezipient. Aber bei genauer Beschau (und nach den oben gemachten Anmerkungen an dieser Stelle nicht mehr so überraschend) wird dieses Verhältnis und die hervorgehobene Position eines Autors zu seinem Werk brüchig. Denn dieses Verhältnis lässt all die oben angemerkten Prozesse außer Acht.

Wenn wir von Deutungen und Interpretationen sprechen, müssen wir zunächst auch über den Begriff der „Methode" sprechen, den wir nutzen, um einen Text zu deuten. Gerade in den letzten Jahren hat sich bezüglich dieses Begriffes der Methode eine Skepsis breitgemacht. Er suggeriert nämlich ein Bild von einem Sortiment adäquat bereitliegender Operationsinstrumente, die aber tatsächlich so grundverschieden sind wie Strahlenmedizin, Naturheilkunde oder Hypnose. Es ist naheliegender, Methoden nicht unter dieser technizistischen Bezeichnung zu verstehen, sondern sie so zu begreifen, wie der Begriff ursprünglich verstanden wurde, nämlich („met-hodós") als einen Hinweis auf einen gangbaren Pfad, als ein Verfahren und einen möglichen Zugang.[46] Ihren Schnittpunkt und Existenzgrund haben die unterschiedlichen Methoden in ihrer Konzentration auf Texte, Bilder oder Videos und ihrer sprachlichen, rhetorischen, ästhetischen und poetischen Verfasstheit. Entscheidend für die Methode und für das, was nach einer Analyse – zumindest formal – herauskommen soll, ist die entsprechende Fragestellung, mit der ich die Daten (Bilder, Texte, Videos u.a.) befrage. Was will ich wissen, fragen und analysieren? Nutzt man die Methoden der Sozial- oder Literaturwissenschaft analytisch richtig, so kann man hoffen, dass man am Ende über sie hinausgestiegen sein wird und sich ein Blick auf eine noch unentdeckte Welt auftut und man neue Pfade erspäht, die es zu erkunden und zu durchwandern gilt. Das wiederum deutet die Verweisungsstruktur von Zeichen und Interpretationen an. Sie tragen eine Anschlussfähigkeit in sich, die sie für einen fortwährenden Prozess des Deutens und Interpretierens öffnet. Wann man mit einer Interpretation schließt, hängt dergestalt mit der bereits angesprochenen Fragestellung an die Daten zusammen.

Aber eines muss dergestalt deutlich sein: Interpretationen verfolgen mit ihren verschiedenen Methoden nicht ein und dasselbe Ziel, nämlich die eine gültige Interpretation zu eruieren, die dann zeitlose Gültigkeit in sich trägt; vielmehr steuern sie recht verschiedene Ziele an und kommen so zu einem aus ihrer Sicht überzeugenden Teilergebnis. Alle Methoden der Interpretation bzw. deren Ergebnisse, sofern sie ordentlich durchgeführt werden, können einen gewissen Wahrheitsgehalt für sich beanspruchen, vor allem dann, wenn sie nicht ins Absolute tendieren, sondern sich im Gegenteil mit einem fest umrissenen Aspekt zufriedengeben und sich ihrer Anschlussfähigkeit bewusst sind. Interpretationen öffnen Türen und Pfade.

Insofern muss man Autoren nicht zustimmen, wenn sie von einer biographischen Methode abraten oder die Fruchtbarkeit einer psychoanalytischen Herangehensweise an ihr Werk von vornherein anzweifeln oder ausschließen. Denn es sollte evident sein, dass nämlich jedes Werk mehr Inhalt und Aussage enthält, als das vom Autor selbst bewusst Ausgesagte. Es ist also mehr darin enthalten, als der Autor absichtlich entworfen hat. Auch er kann sich nicht über alle Einzelheiten und unbewussten Betrachtungsweisen im Klaren sein, die ihn dazu bewegen, dieses oder jenes zu schreiben. In den Tiefen und Untiefen des (dichterischen) Schaffens oder des alltäglichen Handelns sind persönliches Erleben, Verstehen fremder Zugänge, Erweiterung und Vertiefung eigener Ideen enthalten. Es klingt banal, aber natürlich ist das poetische Wirken – um im literaturwissenschaftlichen Bild zu bleiben – immer von Erfahrungen durchdrungen, durch die der Dichter hindurchgegangen ist.

Das Urteil eines Autors über seine Werke ist demnach nicht in jedem Fall das letzte Wort; es soll schon Autoren gegeben haben, die sich bezüglich ihrer Absichten geirrt haben. Die Aussage eines Autors über sein eigenes Werk muss genauso auf Gültigkeit geprüft werden, wie die Ausführungen anderer Interpreten, da der Verfasser gegenüber seiner fertigen Arbeit immer auch selbst In-

terpret ist. In der Tat kann z.B. eine psychoanalytische Interpretation oft die wahren und unterdrückten Beweggründe und Wünsche eines Verfassers hinter seinem literarischen Text entdecken. Und das Ziel eines beispielsweise hermeneutischen Verfahrens ist es, den Autor besser zu verstehen, als er sich selbst verstanden hat, indem man latente Sinnbezüge versucht zu erfassen.[47]
Kehren wir nach diesem kurzen literaturwissenschaftlichen Ausflug zurück und stellen einen Bezug zum kriminalistischen Profiling her, so heißt das: Durch Analysen und Rekonstruktion des Tatherganges und einer viktimologischen (opferspezifischen) Beschau können valide Aussagen und belastbare Hypothesen über gewisse Eigenschaften eines Täters gemacht werden. Dabei ist festzuhalten, dass die Selbstbeschreibung (die man ggf. später nach erfolgreicher Ermittlung desselben erhalten kann) nicht notwendigerweise mit der Fremdbeschreibung durch eine Täterprofilanalyse stimmen muss. Es ist sogar nicht unwahrscheinlich, dass der Täter sich in einer solchen Beschreibung eher nicht oder nur bedingt wiedererkennt oder wiedererkennen will. Aber entscheidend ist: Wir bewegen uns innerhalb eines Zeichen- und Handlungsuniversums und damit innerhalb gewisser Strukturen, die rekonstruiert werden können.
Jede Handlung, die getätigt wird, ist zugleich – gewollt oder ungewollt – ein Statement dafür, dass andere Handlungsoptionen, die in einer Situation angelegt waren, nicht gewählt oder – um den intentionalen Aspekt etwas einzuschränken – nicht vollzogen wurden. Wir wählen in jeder Situation unbewusst oder bewusst aus einer – zwar begrenzten, aber sehr großen – Anzahl von Handlungsmöglichkeiten aus und lassen andere mögliche Handlungen unvollzogen. Wenn man sich vergegenwärtigt, dass man dies von Situation zu Situation macht, wird deutlich, dass Auswahl und Konfiguration meines Handelns in einem gewissen Handlungsrahmen (z.B. im Rahmen einer Mordtat) etwas über mich aussagen und im Rahmen einer Ermittlung auch auf ein Mo-

tiv hinweisen können. War die Tat geplant oder ungeplant, ist der Täter beim Vollzug der Tat gestört worden, war die Tötung bereits vom Täter eingeplant oder hat sie sich situativ ergeben? Diese und andere Fragen lassen sich beantworten und führen so zu einem Profil der Tat und des Täters.

Und selbst wenn man fortlaufend Überraschendes tätigt und sehr oft kreativ entscheidet – damit also gegen *übliche* Handlungserwartungen verstößt bzw. diese bricht – ist das eine Information, die zu wichtigen Hypothesen über das Profil führen kann: dass nämlich, die Person entsprechend kreativ ist, sich eher für unwahrscheinliche oder unübliche Möglichkeiten entscheidet und diese bevorzugt (es klingt banal und tautologisch, ist aber eine wesentliche Information), eine gewisse Intelligenz besitzt, sich möglicherweise im Rahmen einer proaktiven Täteransprache *provozieren* lässt.

Die letztgenannten Aspekte müssen derweil in einem weiteren Datenkontext verstanden und valide geführt werden und können nur Teil eines *Hypothesennetzes* sein, das zu einer schlussendlichen *Erzählung* führt. Im Sinne eines Ablaufdiagramms kann dann deutlich gemacht werden, wann welche Handlung eines Täters erfolgte. Der Tathergang kann in einzelne Ablaufbereiche, die durch die eruierten Informationen und Spuren erstellt werden konnten, aufgeteilt und analysiert werden. Das Fluss- bzw. Ablaufdiagramm beinhaltet die Hypothesen und Schlüsse, die von den Ermittlern gezogen wurden, markiert aber zugleich mögliche „Wendepunkte" in der Täterhandlung. Denn gleichzeitig visualisiert das Ablaufdiagramm, welche möglichen Handlungen nicht vom Täter gewählt wurden und markiert so die (bewussten oder unbewussten) Entscheidungen des Täters. Nicht nur die Handlung, die ausgeführt wurde, ist eine wichtige Informationsquelle, sondern ebenso sind die Handlungen, die möglich gewesen wären, aber entsprechend vom Täter nicht in Betracht gezogen wurden, eine Hinweisquelle über seine mögliche Motivation.

Kehren wir abschließend noch einmal zurück zu dem Aspekt der gesellschaftlichen Zu- und Einschreibung und ihrer Relevanz für die Identitätskonstitution des Einzelnen. Wenn wir nun zu einem Großteil aus Zuschreibungen bestehen, müssen wir uns selbst reflexiv zuwenden, um uns verstehen zu können. Oft sogar müssen wir uns selbst entschlüsseln, müssen ein Profil unserer Fähigkeiten, Wünsche, Ideen, Motivationen oder Ziele erstellen oder uns wird dabei geholfen, um z.B. den dementsprechend richtigen Weg für die angestrebte berufliche Zukunft einzuschlagen. Nicht zufällig wird in solchen Bereichen von *Profiling* gesprochen. Und zur Veranschaulichung der These, dass wir in unserem Alltag permanent selbst Profiling betreiben oder aber Gegenstand des Profilings von anderen sind, soll im nächsten Kapitel die Profilierung des Alltags genauer in den Blick genommen werden.

3. Die Profilierung des Alltags

Bis hierher sollte bereits deutlich geworden sein, dass wir in einer Welt leben, die aus Zeichen besteht und um deren Bedeutung wir zumeist wissen. Darüber hinaus lässt sich eine Bedeutungsebene erkennen, die im Alltag nur selten reflektiert wird, aber sich dennoch auf das Handeln der Menschen auswirkt. Wir selbst sind im Alltag nahezu durchgängig Gegenstand der Profilierung oder betreiben diese selbst. Darüber hinaus – und das soll ein weiterer Gegenstand dieses kurzen Kapitels sein – wird der Begriff des Profilings mittlerweile in einer Reihe von Kontexten genutzt, in denen ein Profil eines Menschen für eine berufliche Tätigkeit, zur Selbstkontrolle oder für gewisse Handlungsabschätzungen benötigt wird. Zwischen unserer eigenen *Profilierungstätigkeit* im Alltag auf der einen und der kriminalistischen Fallanalyse auf der anderen Seite liegt ein weiterer Bereich des *Profilings*, der von Unternehmen oder staatlichen Institutionen betrieben wird, um mehr über gewisse Käufer, Bewerber oder Klienten zu erfahren. Während im alltäglichen Profiling keine bewusste Methode hinterlegt ist, mit der man Situationen, Menschen oder Räume liest, sondern dies meist aus eigenen Erfahrungen entspringt und auch einsozialisiert wird, ist es im Rahmen unternehmerischer und staatlicher Aktivitäten – ebenso wie im kriminalistischen Profiling – anders. Dort wird mit ausgefeilten Methoden und Untersuchungen gearbeitet, um die *richtigen* Kunden, Bewerber oder Klienten zu finden. Auch wenn die Methoden und die *Anlässe* beim beruflichen oder kriminalistischen Profiling nicht identisch sind, sondern ganz im Gegenteil voneinander abweichen, lassen sich dennoch einige Gemeinsamkeiten finden. Diese liegen z.B. in der Auflösbarkeit einer unbekannten (neuen oder zukünftigen) und dadurch unsicheren Situation und zwar durch das Zusammentragen einer Vielzahl von Informationen, deren Bewertung, der Nachzeichnung und Entwicklung von Motiven und dem Entwickeln zielführender Schritte in Richtung der Auflösung der Unsicherheit. Dergestalt findet man – mitunter sogar ausdrücklich – beim Arbeitsamt, im Rahmen von Rekrutierungsmessen und Assessmentcentern, aber auch im Rahmen der Marketinganalyse, um beispielsweise Kunden- oder Bewegungsprofile zu erstellen, den Begriff des Profilings mit entsprechend zielführenden Methoden. Ziel ist dabei, unbekannte oder wenig bekannte Personen genauer kennenzulernen und ihre Verhaltensweisen zu analysieren, auch um prognostizierende Aussagen über ihr späteres Handeln machen zu können. Zudem sollen durch das Profiling einer Person die Karriereplanung, Selbst- und Fremdbild sowie die Persönlichkeitsentwicklung gefördert werden. Es geht mir nicht um eine kritische Würdigung oder Bewertung des Sinns dieses Vorgehens, sondern vor allem um die Darstellung der praktischen Anwendung des Profiling-Gedankens aus einer nicht-kriminologischen Perspektive. Bevor wir uns kurz einige berufspraktische Profilierungen ansehen, soll noch einmal das Alltagsprofiling in den Blick genommen werden; und zwar am Beispiel eines alltäglichen Symbolmilieus, das von Produzenten zeichen- und symbolhaft aufgeladen und von Rezipienten semiotisch entschlüsselt wird: das Wohnzimmer.[48]

Das Wohnzimmer als Symbolmilieu

Das Wohnzimmer – wie überhaupt die ganze Wohnung eines Menschen und letztlich unsere gesamte Lebensform – besitzt ein hohes Maß an Repräsentationskraft für das eigene Selbst. Unser Leben ist semiotisiert, d.h., es ist zeichenhaft aufgeladen und die Zeichen werden interpretiert. „Menschen verfügen über die Fähigkeit, Dinge (im weitesten Sinne) als Zeichen zu interpretieren. Sie sind in der Lage aus 'Dingen', die sie sinnlich wahrnehmen, interpretierende Schlüsse zu ziehen."[49] Sie besitzen die semiotische Kompetenz, einem Adressaten Zeichen- und folglich Interpretationsangebote zu geben und „einen anderen damit zu interpretierenden Schlüssen zu verleiten. Kommunizieren ist ein intelligentes Ratespiel."[50] Und dieses Spiel zwischen Interpretationsangeboten und Deutungen spielt sich im Rahmen jedweder Bewusstseinsspannung ab. Mal sind wir konzentriert und mit maximaler Bewusstseinsspannung bei einer Deutung, mal machen wir es (wie im Alltag häufig) routiniert und beiläufig, und ansonsten tun wir es nahezu fortlaufend unbewusst. Und im Rahmen der eigenen *Zeichenproduktion* lässt sich ein damit verbundenes Deutungsangebot an andere nicht vermeiden. Wir sind eingewoben in Zeichen. Unsere Kleidung, die Art, wie wir uns bewegen, was wir essen, wie wir essen, wie wir uns fortbewegen, welches Auto wir fahren, wo wir uns bewegen und befinden, wo wir wohnen usw., all das kann interpretiert werden und wird von den Mitmenschen interpretiert. Ob wir wollen oder nicht. Wir können uns alle Markenlabels herunterreißen, auf das Autofahren verzichten oder nur noch mit dem Rad fahren, wir können unsere Sprache verändern, unseren Computer verbannen, versuchen, keine Informationen mehr über uns preisgeben, uns aus sozialen Netzwerken verabschieden, mit dem Rauchen beginnen oder aufhören, alle offenkundigen Markenverweise aus unserem Leben hinauswerfen, nur noch Bioprodukte einkaufen oder vegetarisch leben. Wir können das Fernsehprogramm über einen Zufallsgenerator auswählen lassen, uns komplett aus der Öffentlichkeit zurückziehen oder den Mainstream (oder was als solcher verstanden wird) hinter uns lassen. Aber all das sagt erneut etwas über uns aus, über unsere Weltsicht und -deutung, über unsere Haltung zur Gesellschaft usw. Es gibt letztlich kein Entrinnen aus der Interpretierbarkeit und zwar, weil wir in Gesellschaft und in einen Zeichenvorrat eingelassen sind, weil unsere Identität selbst zu einem großen Teil aus gesellschaftlichen Zuschreibungen ent- und besteht.

Das Wohnzimmer – wie die Wohnung überhaupt – kann in westlichen Gesellschaften als ein Symbolmilieu verstanden werden. Die Wohnung dient nicht nur als Zuflucht und Unterbringung, sondern auch dem Empfang und der Bewirtung von Gästen. Sie wird damit zugleich Ausdruck der eigenen Person, ist nach dem eigenen Selbst gestaltet, soll repräsentieren und dient dergestalt auch der Selbstdarstellung und -gestaltung.[51] Alle gesellschaftlichen Schichten tun dies, wenn auch die Zeichen und Symbole und ihr Arrangement mitunter ganz unterschiedlich sind. Man kann durch die reine Gestaltung des Raumes oder durch die Möbel und ihre Verteilung seinen Geschmack zum Ausdruck bringen. Aber auch durch die Auswahl und Positionierung z.B. elektronischer Geräte lassen sich Rückschlüsse auf die Personen, Ein- und Ausdrücklichkeit der dort lebenden Person ziehen bzw. haben sie Verweisungspotenzial auf diese. So ist eine Stereoanlage heute im Wohnzimmer keine Besonderheit mehr. Ein echter Musikliebhaber und Vielhörer wird eine besondere Musikanlage sein Eigen nennen, es wird z.B. eine von *Bang & Olufsen* sein und die Boxen werden räumlich so angeordnet sein, dass sie ein besonderes Klangerlebnis ermöglichen. So mag vordergründig der Grund für eine solche Musikanlage die reine Klangqualität sein. Aber bei genauer Sicht ist es nicht nur dies; es ist ihr Ausdruckscharakter, der nämlich den Besitzer allein aufgrund der Anwesenheit der Musikanlage als qualitätsbewussten und kenntnisreichen Vielhörer ausweist. In der Tat sind aber die Abläufe, die sich hinter diesem hier kurz und unvollständig beschriebenen Beispiel verstecken, wesentlich diffiziler, als es zunächst den Anschein hat.
Gerade in den gesellschaftlichen Schichten, die eine Reihe von Werten repräsentieren können – aber nicht nur dort –, besteht ein hohes Maß an „Repräsentationsdruck". So müssen finanzielle Unabhängigkeit, erlesener Geschmack, eine gute Bildung und beruflicher Erfolg symbolisch zum Ausdruck gebracht werden. Und der symbolhafte Ausdruck darf aufgrund der unterstellten Kompe-

tenzen und dem Wissen der Rezipienten (also der Gäste, Freunde und Besucher des Wohnzimmers) nicht zu einfach sein.

Natürlich gilt hinsichtlich der Symbole: Auch innerhalb dieser Gruppe muss unterschieden werden. Ein *Intellektueller* legt mehr Wert auf eine gutgefüllte Bücherwand, ein erfolgreicher Manager vielleicht mehr auf Designermöbel. Unabhängig davon soll aber in der Regel das Wohnzimmer nicht offener Ort einer reinen Selbstdarstellung sein. Sicherlich wird in der Regel niemand z.B. seinen ausgezeichneten Universitätsabschluss, d.h. sein Zeugnis, großkopiert über den Fernseher im Wohnzimmer hängen. Dies würde als eingebildet, überheblich und arrogant verstanden.[52] Es herrscht bei uns ein gewisses Maß an einer Ethik der Bescheidenheit, die auf zu offen ausgestellten Erfolg, Intelligenz oder Reichtum zwar nicht verzichten, dies aber in einer kodierten Art und Weise tun möchte. Vergoldete Schneidezähne sind sicherlich teuer, aber in unseren Breiten kein Ausdruck einer höheren gesellschaftlichen Schicht, sondern werden eher als protzig und *unschick* eingeschätzt und mit Subkulturen in Verbindung gebracht. Zurück zum Wohnzimmer: Wenn man auf der einen Seite ein gewisses Maß an Bescheidenheit und auf der anderen Seite den Willen zum Ausdruck oder Repräsentation konstatiert, wie lässt sich dies dann durchführen? Wie lassen sich also Werte zeigen, ohne zu zeigen, dass man Werte zeigen möchte? Diese Frage mündet dann in der Maxime: „Gib dem andern zu erkennen, was du hast und was du bist, und zwar so, dass er nicht erkennt, dass du beabsichtigst, ihm dies erkennen zu geben. Die vollkommene Kunst der Selbstdarstellung besteht gemäß dieser Maxime darin, dem andern erkennen zu geben, dass man so wohlhabend und gebildet ist, dass man es nicht nötig hat, dies dem andern zu zeigen. Dies ist das Ziel der Strategie des sogenannten 'Understatement'."[53] Wie lässt sich dies bewerkstelligen? Man wählt Zeichen und Symbole aus, deren Entschlüsselung ein Maß an Kennerschaft voraussetzt. Dies können Gemälde, Skulpturen oder Möbeleinzelstücke von einem besonderen Designer, besondere elektronische Marken, deren Qualität nur den „Eingeweihten" bekannt ist, Antiquitäten oder besonders exotische Stücke aus fernen Ländern sein. Sie alle haben gemeinsam, dass ihr Erkennen ein gewisses Maß an Kennerschaft voraussetzt. Diese Symbole verweisen auf die Kennerschaft und das Wissen des Besitzers und *greifen* sogleich nach einem Gleichgesinnten. Denn jemand, der die Musikanlage in ihrer Besonderheit und Exklusivität erkennt, der ein Gemälde einem Künstler und ggf. auch seine Echtheit erkennen kann, kann zugleich das symbolische Spiel des sozialen Milieus aufnehmen: „Ach, wie ich sehe, haben Sie da einen schönen Edvard Munch hängen. Waren Sie letztens in der Ausstellung in Köln?" Und schon entspinnt sich ein Gespräch, das in seinen Anfängen in erster Linie dazu da ist, sich gegenseitig seines sozialen Milieus zu vergewissern und sein Revier abzustecken. Ein *Unkundiger* kann in diesem Beispiel keine gleichrangige Ebene (zumindest auf diesem Gebiet der Kunst) erlangen und bleibt somit ausgeschlossen. Er kann natürlich auch auf andere Zeichen eingehen, die er entschlüsseln kann. Sollte aber nichts vorzufinden sein, das er dekodieren und entsprechend seines eigenen Interesses bestimmen kann, wird er kaum Anknüpfungspunkte bzw. Themen zur Kommunikation finden.

Und ist es bei Betreten einer neuen Wohnung nicht tatsächlich so, dass man möglichst schnell die vielleicht noch unbekannte Person durch die Art seiner Einrichtung profilieren und *bestimmen* will? Man will Interessen, Hobbys oder Vorlieben möglichst schnell – zumindest zum Teil – bestimmen können, um z.B. ein Thema zu finden, über das man sprechen kann, um sich die Person vertraut zu machen. Die Menschen haben dafür den Small Talk kultiviert, ein lockeres alltägliches Gespräch, das bereits dem *Auskundschaften* möglicher Gemeinsamkeiten dienen soll und eine Art Vorgespräch für eine darauf folgende ernsthafte Unterhaltung ist.

Fazit: Über Symbole und Zeichen geben wir uns bewusst und unbewusst anderen zu erkennen, *berichten* über unsere Vorlieben und Interessen, auch ohne dies zunächst dezidiert an- und auszusprechen. Wir bieten Anschlusskommunikationen an, wenn die Rezipienten und Interpreten die dargebotenen Symbole entschlüsseln können und darauf eingehen möchten. Wir schließen jene aus, die sich in diesem Symboluniversum nicht bewegen bzw. dieses nicht lesen können, ja möglicherweise gar nicht bewusst erkennen, dass sie sich in einem solchen gerade aufhalten.

Von Kollektivsymbolen und Bücherwänden

In unserer Gesellschaft gibt es gewisse visuelle Formationsangebote, die man als Kollektivsymbole bezeichnen kann. Kollektivsymbole sind kulturelle Stereotypen, die eine gewisse Deutung der Wirklichkeit implizieren. Damit ist ein gewisses Maß an einheitlicher Deutung sichergestellt. Dabei *wirken* Kollektivsymbole nicht auf einer nur rationalen und reflexiven Ebene, sondern werden – quasi unmittelbar – wahrgenommen und prozessiert.
Warum z.B. kann man fragen, werden im Fernsehen Experten oder Professoren, wenn sie zu einem Thema gefragt werden, unverhältnismäßig oft vor einer Bücherwand gezeigt? Oder in Bibliotheken? Weil es in unserem Kulturkreis eine Verbindung von Wissen, Expertentum und Büchern gibt. Jemand, der viele Bücher besitzt und entsprechend vor vielen Büchern gezeigt wird, muss ein Wissender sein, jemand der auf Fragen des Lebens Antworten weiß. Unsere Sehgewohnheiten haben diese Verbindung von Büchern bzw. Bücherwand und Wissendem fest verinnerlicht, sodass uns dieses Arrangement häufig bewusst gar nicht mehr auffällt. Ein weiteres Beispiel, bei der ein Accessoire eine bedeutungsträchtige Rolle spielt, zeigt sich im nachfolgenden Bild:

An dieser Stelle soll keine ausführliche Bildinterpretation erfolgen, aber auf ein mehr oder weniger verstecktes Kollektivsymbol verwiesen werden. Das Bild zeigt die *heute journal*-Moderatorin Marietta Slomka. Sie wird von dem aufgeklappten Notebook – sozusagen wie von einem Lichtspot – angestrahlt. Der Computer hat hier weniger eine produktive Funktion oder soll ihr als Gedächtnisbrücke dienen, er löst nicht den Teleprompter ab oder dient der Aktualisierung der Moderatorin. Vielmehr ist er die materiale Umsetzung und Ausdruck der *Informatik,* Ausdruck des modernen Lebens, der schnellen Informationsübertragung, der Aktualität und des Neuen. Und damit wird der Computer zu einem Fokus, zu einem *Spot*, der die Moderatorin in ein modernes, informiertes, auf der Höhe der Zeit befindliches Licht setzt. Der Computer *strahlt* die Moderatorin an und weist ihr Informationskompetenz und Aktualität zu. Der Computer ist hier der bildgeronnene Ausdruck von Modernität und der angesprochenen Aktualität.

Aber auch *Handfestes* ist im Bild installiert, das einer *Hybris* des Neuen und einem blinden Technikvertrauen entgegenwirken möchte und als Kontradiktion – besser aber als Ergänzung – verstanden werden muss. Es ist der Kugelschreiber und die Papierblätter, die – allem Technikglauben zum Trotz – auch heute noch ihren informellen und kulturellen Platz selbst in einer hochtechnisierten Welt und einer modernen Nachrichtensendung haben. Die Moderatorin wirkt damit nicht nur als Spielball einer (unsichtbaren) Redaktion und der modernen Technik, sondern behält trotz dieser Einbettung ein Maß an journalistischer Unabhängigkeit, Menschlichkeit und Authentizität. Und damit wird deutlich: Das Bild ist auch im Rahmen dieser beiläufigen Aspekte eine Inszenierung, es will etwas *in Szene setzen*. In diesem Fall kann man sicherlich von einem bewussten Vorgehen dieser Inszenierung ausgehen, was dann zugleich die Ertwartungserwartungen der Sendungsproduzenten an die Zuschauer deutlich werden lässt: Dass diese nämlich mit einem Blick nicht nur erkennen, dass es sich um eine Nachrichtensendung handelt, sondern um eine, die *auf der Höhe der Zeit ist*. Die Produzenten sind sich also sicher, dass die Zuschauer diese Inszenierung – zumindest latent – verstehen, ja sogar von einer Nachrichtensendung erwarten.

Unser Alltag ist durchsetzt mit solcherlei Hinweisen, Zuweisungen oder Kontextualisierungen, die an die Menschen herangetragen werden und von denen sie ein Teil sind. Und es ist nicht nur spannend und eine nette Unterhaltung, diese Kontextualisierungen und Spuren aufzuspüren und sich sichtbar zu machen, sondern in beruflicher Hinsicht können das Erkennen solcher Spuren und die Profil- und Sinnbildung mitunter gewinnbringend eingesetzt werden. Ein Beispiel, das zugleich den Einsatz des Profilings in einem anderen – wirtschaftlichen – Bereich aufzeigt, ist das berufliche Profiling, das im Nachfolgenden kurz beleuchtet werden soll, bevor wir uns dann der Operativen Fallanalyse zuwenden werden.

Berufliches Profiling

Gerade in beruflicher Hinsicht wird es für Unternehmen und Bewerber immer wichtiger, ein genaues Profil eines Bewerbers bzw. von sich selbst zu haben, um eine möglichst hohe Passgenauigkeit auf ausgeschriebene und zu besetzende Stellen zu erreichen. Im Rahmen des beruflichen Profilings wird von Unternehmen auf zwei Ebenen ein Profil erstellt. Zunächst muss ein Profil für die zu besetzende Stelle erhoben werden. Was verlangt sie für Fähigkeiten, wo ist sie genau angesiedelt, welche Funktion hat die zu besetzende Stelle im Unternehmen, welche Ressourcen stellt sie zur Verfügung? Erst eine genaue und umfangreiche Stellenprofilanalyse ermöglicht es im Anschluss daran, jene Merkmale zu destillieren, die für die zu besetzende Stelle erforderlich sind. Sie verlangt beispielsweise eine feste zeitliche Anwesenheit, gewisse handwerkliche oder technische Fertigkeiten, besondere Kompetenzen und Wissen usw. Andere Aspekte spielen ggf. nur eine untergeordnete Rolle oder sind nur wünschenswert, nicht aber Bedingung für eine Besetzung der Position. Und als Drittes folgt die Kandidatenanalyse, die im Abgleich mit der entworfenen Stellenbeschreibung dann zu einer Vergleichsmöglichkeit zwischen Anforderung der Stelle und der Eignung des Kandidaten führt.

Diese kurzen Anmerkungen eröffnen ein Feld, das seit 2002 offen mit dem Begriff des *Profilings* arbeitet. Die Sprache ist hier von den (Wieder-)Eingliederungsmaßnahmen der Arbeitsvermittlung bzw. des Arbeitsamtes. Dort „ist 'Profiling' zu einem der wichtigen Schlüsselbegriffe in der aktuellen Diskussion um Reformen am Arbeitsmarkt und im Zusammenhang mit einer verbesserten Vermittlung und Eingliederung Arbeitsloser geworden."[54] Und die mit dem Profiling in diesem Umfeld betrauten Personen werden offen als „Profiler" bezeichnet und vorgestellt.[55] Die „Profiler sollten ein hohes Maß an sozialer Kompetenz besitzen, um mit den Arbeitssuchenden sozial erfolgreich zu interagieren. Sie sollten über ein profundes Wissen an praktischer Psychologie und Menschenkenntnis verfügen."[56] Im Rahmen der Arbeitsvorbereitung und -vermittlung wird der Arbeitssuchende mittels des Fallmanagements in sozialer, beruflicher, administrativer und sogar in gesundheitlicher Hinsicht vorbereitet. Das Profiling wird in diesem Kontext verstanden als Möglichkeit der „Chanceneinschätzungen".[57]

Durch unterschiedliche Erhebungsverfahren und Analysemethoden soll aus den entsprechenden Daten über die zu vermittelnde Person ein entsprechendes berufliches Profil erstellt werden, dass eine bedarfsgerechte Vermittlung ermöglicht. Eine Kompetenzdiagnostik erfasst unter anderem folgende Bereiche:[58]

- Biografische Kerndaten
- Personale Kompetenzen
- Interaktionskompetenzen
- Methodenkompetenzen
- Fachkompetenzen im weiteren Sinne
- Berufsbezogene Einstellungen, Wünsche und Neigungen
- Restriktionen und Einschränkungen

Im Rahmen dieser Datenerhebung werden den Daten gewisse Merkmale zugeordnet (z.B. Kinderbetreuung nötig), bewertet und hervorgehoben (z.B. Konzentrationsfähigkeit oder Leistungsmotivation). Die Daten werden durch eine EDV-gestützte Befragung *face-to-face* durchgeführt. „Durch die 1-zu-1-Situation zwischen dem Teilnehmer und dem Profiler können Kategorien wie 'Sprachliche Ausdrucksfähigkeit' oder 'Erscheinungsbild' direkt beobachtet und abgebildet werden."[59]

Auch die Gewerkschaft ver.di fördert im Rahmen einer betrieblichen Personalarbeit das Profiling für die Erstellung von Kompetenzprofilen.[60] Die Notwendigkeit eines solchen Kompetenzprofils wird wie folgt begründet:

„Um Klarheit zu gewinnen, welche Kompetenzen am Arbeitsplatz notwendig sind und entwickelt werden müssen.
Es ergänzt Bewerbungsunterlagen.
Es ist Grundlage für ein Personal-/Mitarbeitergespräch.
Es hilft bei der beruflichen Orientierung und bei Interesse an beruflichem Aufstieg oder an Führungsaufgaben.
Es orientiert nach einer längeren Berufsunterbrechung, z.B. nach Familienzeiten."[61]
Weder privat noch beruflich ist es dergestalt möglich, dem Profiling zu entkommen. Natürlich sind die Voraussetzungen je andere und die Methoden und Herangehensweisen unterschiedlich. Aber immer geht es um die Erstellung von Profilen, die das Ziel haben Daten zu eruieren, diese In-Formation zubringen – also Informationen zu erzeugen – und mit diesen Handlungssicherheit zu erlangen oder Handlungsunsicherheit zu reduzieren; und zwar, indem Perspektiven eröffnet und aufgezeigt werden. Aber nicht nur in beruflicher Hinsicht sind Menschen dem methodischen Profiling ausgesetzt. Auch als Kunde und Verbraucher sehen sie sich bewusst oder unbewusst als Gegenstand dem Profiling ausgesetzt.

Kunden- und Bewegungsprofile – Überwachung

Gerade im Bereich des Kauf- und Konsumentenverhaltens spielen Kunden- und Bewegungsprofile eine große Rolle. Dabei werden z.B. die vom Kunden getätigten Käufe fortwährend registriert, in einer Datenbank gespeichert und in Beziehung zueinander gesetzt. Im Internet kann und wird das noch kombiniert mit einer Auswertung der von einer Person besuchten Seiten. Erreicht wird dies in digitaler Form durch sogenannte Cookies – kleine Dateien, in denen die wichtigsten Einstellungen besuchter Internetseiten gespeichert werden. Beim nächsten Zugriff auf diese Seite müssen dann gewisse Einstellungen nicht erneut getätigt werden. Zugleich dienen Cookies aber auch zur Identifizierung eines Benutzers, wodurch Bewegungs- und Benutzerprofile und dadurch das Surfverhalten des Benutzers ermittelt werden kann. So kann eine Internetseite, die man erneut besucht, schon zur Begrüßung Kaufvorschläge machen, die auf der Auswertung der bisher gekauften Artikel und der besuchten Seiten gründet, um so die Kaufwahrscheinlichkeit zu erhöhen. Letztlich steht hinter diesem Verfahren eine Vorannahme, die – mag man den Statistikern glauben – davon ausgeht, dass sich aus Daten, die man über eine Person sammelt, letztlich durch Kombination und ausgefeilter Analyse, auf Bedürfnisse, Interessen und Motive schließen lässt. Vielleicht lassen sich sogar zukünftige Handlungen antizipieren und Verhaltensmuster entwickeln, die dann wiederum einen Vorteil z.B. im Rahmen einer Werbekampagne bieten können. Unstrittig ist sicherlich, dass es die Wahrscheinlichkeit eines Kaufes erhöht, wenn man Kunden Kaufvorschläge z.B. von Büchern macht, die aus ähnlichen Themenfeldern kommen, aus denen der Kunde bereits Bücher gekauft hat. Ein Kunde, der im Onlineshop häufiger Krimis kauft, ist ggf. auch an einem neuen Bestseller aus diesem Bereich interessiert. Ihm allerdings einen erneuten Vorschlag aus dem Bereich „Waschmaschinen" zu machen, nachdem er eine solche gekauft hat, ist derweil weniger sinnvoll.

Im Rahmen solcher Bewegungsprofile betritt man zudem den Bereich der Überwachung und zwar nicht nur dort, wo man von Geoprofiling sprechen kann, d.h., wo Tatorte miteinander räumlich in Beziehung gesetzt werden, um daraus Rückschlüsse auf die räumliche Herkunft eines Serientäters ziehen zu können. Bewegungsprofile können allgemein der Überwachung dienen. Der Unterschied zwischen Beobachtung und Überwachung liegt hier nur in der Sichtweise und den möglichen Folgen, derer man sich aussetzt, wenn man sich überwachen lässt. Heute sind es nicht mehr nur Institutionen oder der Staat, welche überwachen, sondern die Menschen betätigen sich in diesem Feld selbst durch unterschiedliche Handlungspraktiken, die sich in den letzten Jahren etabliert haben. Ein Beispiel hierfür – das aber nur kurz dargestellt werden soll – sind die sogenannten Leserreporter, die die bisher dominierende Perspektive des „Big Brothers" aufweichen.[62] Gemeint sind an dieser Stelle die mit Handy-Cam und Digitalkamera ausgestatteten Alltagsmenschen, die jede aufregende, peinliche, gefährliche oder rührige Situation aufnehmen und distributieren. Sinnbildlich und beispielhaft steht dafür die Mobilkurzwahlnummer 1414 der Bildzeitung, die Leserreportern gegen Bezahlung bei Veröffentlichung ihrer Bilder eine Plattform bietet, um kuriose Situationen des Alltags oder „Stars" der Gegenwart in unvorteilhaften, überraschenden oder interessanten Szenen zu zeigen. Sie bilden damit ein latentes Überwachungsnetz, das sich über den Alltag legt. Unter der 1414 kann jeder zum Bild-Leserreporter werden, der mit einer Kamera *bewaffnet* ist und interessante Schnappschüsse macht. Da bei modernen Mobiltelefonen eine Foto- und Videokamera bzw. die entsprechende Funktion zur Standardausstattung gehört und das Mobiltelefon wiederum zur Grundausstattung des modernen Menschen, wird jeder Bürger zu einem potentiellen Produzenten solcher Bilder. Die Bildzeitung belässt es nicht nur bei dem Hinweis auf die Zusendbarkeit solcher Bilder, sondern gibt eine Anleitung, was ein gutes von einem schlechten Bild unterscheidet und zeigt Beispiele für gelungene und weniger gelungene Fotos.[63] Es ist der Überwachungsaspekt, die zunehmende Überwachung des Alltags, die nun nicht mehr nur durch den Staat, sondern von den Bürgern selbst vorgenommen wird.

Der Überwachungsaspekt, der von Beginn an im Konzept der Leserreporter allein durch ihre Aufnahmebereitschaft enthalten war, hat sich im Verlauf der Zeit dynamisiert. Zu Beginn dieses Konzeptes ging es darum, außergewöhnliche Situationen, die sich irgendwo und irgendwann auftaten, mithilfe von Leserreportern ins Bild zu bekommen. Leserreporter waren damit der verlängerte Arm, Augen und Ohren der Redaktion. Durch die zur Fuß-

ball-WM in Deutschland von der Bild-Zeitung initiierte Aktion „Leserreporter" hat sich dieses Konzept in verschiedener Hinsicht moduliert und ist zu einer täglichen Rubrik geworden.[64] Die Aufmerksamkeit der Leserreporter soll sich nun nicht mehr nur auf die Beobachtung und das Festhalten außergewöhnlicher Ereignisse, sondern auch auf das Aufspüren von Prominenten oder Alltagsmenschen in bemerkenswerten Situationen richten. Nicht nur Prominenten, sondern auch den ins Visier geratenden normalen Bürgern droht ein Verlust von Privatheit und damit ein Verlust eines zumindest teilweise kontrollfreien Raumes. Im Zusammenhang mit der 1414-Aktion der Bild-Zeitung heißt das:
„Zum anderen aber, und das ist vielleicht das wirklich Neue an dieser Aktion, wird die Arbeit der Amateurreporter ausdrücklich um den Aspekt der polizeilichen Überwachung ergänzt. Nicht umsonst hieß es bereits in einem der ersten Aufrufe der Bild-Zeitung, dass 'Prominente, kuriose Unfälle, Kleinkriminelle bei der Arbeit' als vordringlichste Motive gewünscht seien."[65]
Damit wird die Apparatur des Amateurs oder des Hobbyfotografen zu einer latenten Überwachungskamera, die jederzeit und plötzlich in ihre unmittelbare Funktion gesetzt werden kann. Die unmittelbare Funktion – auch wenn sie zunächst nur latent vorhanden ist, also schlummert – ist das Überwachen und nicht allein das Aufzeichnen. Das Überwachen beginnt schon mit dem Wissen der möglichen Aufgezeichneten um das potentielle Vorhandensein einer Kamera und nicht erst mit dem tatsächlichen Akt des Aufzeichnens durch die Kamera und den Kamerafunktionär. Denn mit dem sedimentierten Wissen um die Möglichkeit, Gegenstand einer solchen Aufzeichnung zu werden, verändert sich bereits die Wahrnehmungs- und Handlungspraxis im Alltag. Das Besondere ist nun, dass dieser Umstand sich nicht mehr nur auf Personen von besonderem Interesse bezieht, sondern jeder Mensch potentielles Ziel eines Schnappschusses werden kann. Plattformen wie youtube, MyVideo oder flickr nehmen gerne auf,

was nicht den Weg in die Zeitung oder ins Fernsehen schafft oder dort aus national-rechtlichen Gründen möglicherweise nicht veröffentlicht werden darf. Die soziale Kontrolle wird nicht mehr nur durch die staatliche oder institutionelle Überwachung des öffentlichen Raumes geleistet, sondern auch zunehmend durch den einzelnen Bürger selbst, der dadurch zur Verhaltenskonformität drängt und selbst gedrängt wird. Wenn von der Latenz der Überwachung gesprochen wird, die in den privaten Kameras schlummert, so ist in diesem Zusammenhang wichtig zu betonen, dass bereits das Wissen um die Möglichkeit, Gegenstand eines Schnappschusses zu werden, Wirksamkeit hinsichtlich der Veränderung der Wahrnehmungs- und Alltagspraxis hat. Die Wirkung auf den Alltagsmenschen liegt in der Sedimentierung gewisser Verhaltensweisen, die sich in seiner Selbstführung niederschlagen.

Bereits Émile Durkheim hat über die sozialen Tatbestände Normen beschrieben, die außerhalb des Bewusstseins eines Individuums liegen und einen Zwangscharakter beinhalten. Sie üben Zwang auf die Gesellschaftsmitglieder aus. Aber nicht nur, dass ihr Zwang auf die Individuen wirkt, auch ihre Missachtung, also deviantes Verhalten, wirkt insoweit *positiv* auf die Festigung solcher Normen, als dass sie diese bestätigen und die devianten Beispiele für die Individuen die Normen dadurch deutlicher und sichtbarer werden lassen. Ein gewisses Maß an deviantem Verhalten ist dergestalt für den Normbestand einer Gesellschaft wichtig. Und die Sichtbarmachung devianten Verhaltens bestätigt zum einen, dass, was als deviant verstanden wird und plädiert dadurch für die Befolgung der gesellschaftlich vorhandenen Normen. Dieser Prozess erfährt solcherart durch das elektronische Panoptikum eine weitere Dynamisierung, eine neue Qualität. Denn „das panoptische Schema ist dazu bestimmt, sich im Gesellschaftskörper auszubreiten, ohne irgendeine seiner Eigenschaften aufzugeben; es ist dazu berufen, im Gesellschaftskörper zu einer verallgemeinerten Funktion zu werden".[66] Und diese verallgemeinerte Funktion lässt sich durch die Praxis des Aufnehmens im Kontext mit der Bedeutung und Distributionsmöglichkeit von Bildern, ihrer kulturellen Wirksamkeit und vor dem Hintergrund des Sicherheitsdiskurses konstatieren.

Verdichtung und Übergang

Schauen wir nochmals kurz auf die Normen einer Gesellschaft. Wenn wir uns in und durch die Welt bewegen, nehmen wir fortlaufend Einschätzungen von Personen oder Situationen vor. Diese helfen uns, die Welt zu verstehen und sich in ihr sicher zu bewegen. Wir lernen im Verlauf unseres Lebens, welche Verhaltensweisen erwünscht sind oder welche wiederum als deviantes Verhalten von anderen verstanden werden. Wir selbst sind dabei nicht nur Rezipienten von richtigen oder falschen Verhaltensweisen, sondern sind – wenn wir uns normgerecht verhalten – zugleich Reproduzenten solcher gesellschaftlicher Normen, sind wiederum Referenz für andere und ihr Verhalten, das sich daran ausrichten kann. Kehren wir über ein einfaches Beispiel noch einmal zurück zu Emile Durkheim und dem sozialen Band, das uns verbindet und zugleich einen Zwang ausübt. Es sind die Normen, die eine solche Funktion übernehmen. Sie existieren auch ohne das einzelne Subjekt bzw. außerhalb seines Bewusstseins. Weiterhin zeigt sich ihre Existenz außerhalb des Bewusstseins eines Individuums auch darin, dass sie schon vorher da waren, d.h., dass ich sie schon vorgefunden und nichts für ihre Existenz getan bzw. ihr hinzugefügt habe. So ist es zum Beispiel beim Münzzahlungssystem oder dem Zeichensystem (Sprache, Schrift), die ich benutze und schon vorgefunden habe.[67]
Es gibt also besondere Arten des Handelns, Denkens und Fühlens, deren wesentliche Eigenschaft darin besteht, dass sie außer-

halb eines Individuums existieren. Zudem besitzen sie eine gewisse Macht oder etwas Zwingendes. Wenn man sie nicht befolgt, so zum Beispiel beim jeweiligen Münzsystem eines Landes, muss man mit einem Widerstand rechnen, welcher sich so äußert, dass man dann problemlos nicht die Möglichkeit hat, Dinge zu kaufen oder zu bezahlen, wenn man sie nicht mit der jeweils geltenden Währung bezahlt. Auch bei anderen Konventionen einer Gesellschaft zeigt sich ihr Zwangscharakter. Unkonventionelle Kleidung kann dazu führen, dass man allgemeine Heiterkeit und Gelächter hervorruft, was wiederum dazu führen kann, dass man von der Gesellschaft ausgegrenzt wird. Um das zu vermeiden, ist man also gezwungen, die vorherrschenden Konventionen einer Gesellschaft einzuhalten, und sich nach ihnen zu richten. Hier zeigt sich deutlich der Zwangscharakter, der solchen Tatbeständen innewohnt.

Der Zwang kann durch die Gewohnheit als nicht mehr existent empfunden werden, jedoch spürt man ihn sofort, sobald man sich ihm widersetzt. Er ist also vorhanden, auch wenn man ihm nicht ständig begegnet. Selbstverständlich sind auch die Sanktionen, die man bei Nichtbeachtung von Normen zu erwarten hat, ganz unterschiedlich. Diese reichen von einer Nichtbeachtung bis hin zu einer handfesten Zurückweisung oder Strafandrohung. Wenn wir von unserem Schwager oder unserer Schwägerin darum gebeten werden, in der nächsten Woche beim Umzug zu helfen, dann werden wir – sofern keine gesundheitlichen oder wichtigen terminlichen Gründe dagegen sprechen und wir uns nicht im Streit mit ihm befinden – wohl zustimmen, auch wenn wir selbst keine wirkliche Lust dazu verspüren. Es ist das einsozialisierte normgerechte Verhalten, das in der Regel dazu führt, dass wir in solchen Situationen keine Ausreden erfinden, um beim Umzug nicht zu helfen, sondern uns tatkräftig beteiligen. Für ein möglichst konfliktfreies Miteinander ist die Einhaltung gewisser sozialer Normen unerlässlich. Mehr noch bieten uns Normen auch eine

Handlungssicherheit, indem sie Unsicherheit reduzieren, Erwartbarkeit von Handlungen erhöhen und dadurch kalkulierbar machen. Wenn wir jemanden als *unberechenbar* in seinen Handlungen beschreiben, dann verstehen wir darunter etwas Negatives. Soziale Handlungen und Kooperationen sind erfolgreich nur möglich, wenn im Rahmen eines gewissen Normgefüges gehandelt wird.

Dieses Normgefüge ist hinsichtlich seiner Ausgestaltung mit einer Offenheit ausgestattet, d.h., es ist veränderbar. Aber Veränderungen darin vollziehen sich nur sehr langsam, weil sonst die Erwartbarkeit von Handlungen reduziert würde und damit ihre komplexitätsreduzierende Wirkung verloren ginge. So lässt sich beobachten, dass trotz der Veränderungsmöglichkeit von Normen, die auch durch die grundsätzliche Handlungsfreiheit des Menschen ermöglicht wird, Normen zwar eine gewisse *fluide* Struktur besitzen, sie aber durch soziale Kontrolle ein hohes Maß an Stabilität erhalten, was solcherart auch als sozialer Zwang bezeichnet werden kann. Die Ausprägung eines solchen Zwanges auf das Handeln ist ganz unterschiedlich. Die härteste Gussform für das Handeln ist nach Durkheim eine rechtliche Norm, weicher sind hingegen moralische Normen und jene, die auf einfachen Konventionen basieren. Und diese Gussformen sind soziale Erzeugnisse und besitzen ein Maß an Objektivität. Sie existieren auch ohne das einzelne Subjekt bzw. außerhalb seines Bewusstseins. Damit werden sie zu einer dem Handeln hinterlegten Struktur, die – in unterschiedlicher Ausprägung und Prägekraft – unser Handeln mitbestimmt. Bedeutung erhält dieser Umstand insofern, als dass Durkheims Sicht auf Normen, ihre Wirkung und deviantes, also abweichendes Verhalten eine kriminalsoziologische Grundlegung war. Kriminalität als deutlich markiertes deviantes Verhalten kommt nach Durkheim in jeder Gesellschaft vor. Mehr noch – so seine These – ist ein gewisses Maß an Kriminalität wichtig, um die geltenden Normen und Gesetze erkennbar zu halten. Umgekehrt führt eine Gesellschaft, in der die sozialen und moralischen Normen nicht mehr erkennbar sind, zu einem Zustand der Anomie, der abweichendes Verhalten und Kriminalität befördert.

Die Auseinandersetzung mit Kriminalität und Verbrechen ist damit immer auch die unmittelbare Rekonstruktion devianten Verhaltens, aber zugleich das mittelbare Nachzeichnen der herrschenden Ordnung. Das Begriffspaar Ordnung und Unordnung spielte bereits in dem Unterkapitel zur *Spur* eine wichtige Rolle. Eine Spur ist immer nur nachweisbar durch die Störung einer Ordnung. Im Rahmen des nächsten Kapitels, das sich mit der Operativen Fallanalyse beschäftigt, spielt dieser Umstand erneut eine Rolle. Denn wer einen Fall lösen muss, muss zunächst wissen, *was* der Fall ist, er muss z.B. die Ordnung und Unordnung an einem Tatort voneinander unterscheiden können, um eine Tatrekonstruktion vornehmen zu können. Erst wenn der Ermittler weiß, was die Ordnung am Tatort ist, kann er die Spuren, die sich in der Unordnung manifestieren, erkennen, aufnehmen und anschließend bewerten. Die Bewertung kann dann münden in eine Tatrekonstruktion – also in der Rekonstruktion, wie es sich und was sich am Tatort zugetragen hat. Denn erst aus einer solchen Tatrekonstruktion, den Entscheidungen und Nichtentscheidungen des Täters, dem Verhalten des Opfers, dem Ort und der Zeit des Geschehens usw. lässt sich eine valide Aussage über das Täterprofil machen.

4. Von Fall zu Fall –
Die Operative Fallanalyse (OFA)

Wurde bisher das Augenmerk auf alltägliches Profiling gelegt und nur vereinzelt auf kriminalistische Gesichtspunkte eingegangen, möchte dieses Kapitel sich dem *ursprünglichen* Feld des Profilings widmen und dabei neben einer kurzen historischen Darstellung die Arbeitsweise und Methoden der Operativen Fallanalyse etwas genauer beleuchten. Und an dieser Stelle sei erneut auf die (hier in Kauf genommene) begriffliche Unschärfe hingewiesen: Die (Operative) Fallanalyse ist kein „Synonym für das so genannte *Profiling*, das ursprünglich aus dem angloamerikanischen Raum kommt und mit dem Begriff 'Täterprofil' eingedeutscht wurde. Die Erstellung eines Täterprofils ist kein zwingend folgender Arbeitsschritt nach der Fallanalyse, die ein sequentielles Aufarbeiten von Kriminalfällen beschreibt mit dem Ziel, Täterverhalten möglichst zweifelsfrei zu rekonstruieren und daraus Ansatzpunkte zur Unterstützung der Ermittlungen abzuleiten. Erst im Anschluss an und aufbauend auf eine Fallanalyse kann ein seriöses Täterprofil erstellt werden."[68]

Bereits anhand der Begrifflichkeiten *Profiling* und *Operativer Fallanalyse* lassen sich die Unterschiede veranschaulichen. Das *Profiling* geht auf das frz. *profil* und das ital. *profilo* zurück. Im Deutschen Wörterbuch von Jakob und Wilhelm Grimm heißt es dazu: „profil, n. , aus franz. profil, ital. profilo m. (von lat. filum in der bedeutung gestalt, umrisz Diez4 257).

[...]die (gezeichnete, gemalte) seitenansicht oder auch nur der umrisz eines gesichts (Hederich 1800), die form eines von der seite gesehenen gesichts, vergl. durchschnitt, halbgesicht und Lessing 5, 314: das profil eines unbekannten. Göthe 30, 262".[69] Entsprechend hebt die Profilbildung auf eine überschaubare Substanzhaftigkeit ab. Man will konturieren, einen Umriss zeichnen, einen ersten Eindruck eines Unbekannten erhalten. Methodisch kann man daraus eine gewisse künstlerische und subjektivistische Handhabe unterstellen. Die Profilerstellung folgt dem künstlerischen Zeichnen, das aber zugleich auf eine dem Künstler inhärente, subjektive Sichtweise hindeutet. Kommt zu diesem Sujet noch der Aspekt des Unbekannten – den bereits Goethe ansprach – und des Unsichtbaren, verwundert es nicht, dass bei einer solchen Zutatenliste der spätere kriminalistische *Profiler* zu einem Mythos wurde, der mit nahezu übermenschlich-genialen Fähigkeiten – gleich einem Künstler – aus dem (fast) Nichts die Umrisse und die Beschreibung eines Täters hervorbringt. Gerade diese Sichtweise ist es, mit der entsprechende Fernsehserien aus den USA den Mythos des Profilers – unter maßgeblicher Mitarbeit durch Selbstvermarktung einzelner Profiler – mitgeprägt und der Mythenbildung Vorschub geleistet haben.

Im Gegensatz dazu steht der nüchterne Begriff der Operativen Fallanalyse, der zugleich inhaltlich eine andere Ausrichtung anzeigt. Operativ meint *wirken, sich wirksam zeigen*, die Operation meint eine *Verfahrensart*.[70] Mit *Analyse* ist im eigentlichen Wortsinn Zergliederung und die Auflösung in Bestandteile gemeint, zudem ein gründliches und verbindliches Vorgehen. Dieses wiederum spielt auf ein methodisches Vorgehen an. Damit geht einher, dass jede Analyse eine Synthese, etwas Zusammengesetztes voraussetzt, das zergliedert werden kann; und aus der Analyse kann eine neue Synthese (auch Hypothese) erwachsen. Vor dem Bedeutungshintergrund der Begriffe *Profiling* und *Operative Fallanalyse* „wird der Unterschied der entsprechenden Tätigkeiten schnell deutlich: [...] Beim Profiling geht es um das Umreißen einer Person im Sinne einer möglichst genauen (verhaltenstypischen) Beschreibung einer bislang unbekannten Person. [...] Der Begriff der 'Operativen Fallanalyse' dagegen bezeichnet den Arbeitsprozess. Bei einer Fallanalyse wird der zugrunde liegende Kriminalfall in seine einzelnen Bestandteile zergliedert und einer bestimmten methodischen bzw. systematischen Untersuchung unterzogen."[71] Die Operative Fallanalyse legt dabei wesentlich stärker ihr Augenmerk auf ein strikt methodisches und damit nachvollziehbares, objektivierbares Vorgehen. Zudem ist die Fallanalyse mehr als nur die Erstellung eines Täterprofils, vielmehr steht das Täterprofil als ein mögliches „Ende" einer Tathergangsanalyse bzw. Tatrekonstruktion. Damit ist die Fallanalyse eine (inhaltlich wie zeitliche) „Weiterentwicklung des *Profilings*".[72]

Im Alltag können wir das Handeln der Menschen beobachten, können es einschätzen und gewichten. Daher kann in diesem Buch auch von Alltagsprofiling gesprochen werden (und z.B. nicht von einer alltäglich durchgeführten operativen Fallanalyse der Menschen), ohne auf die o.g. mythische Stilisierung des Profilings abheben zu müssen. In Rahmen des beruflichen Profilings ist die Person, von der ein Kompetenzprofil erstellt werden soll, anwesend, beobachtbar und befragbar. Die kriminalistische Ausgangslage ist in der Regel eine andere, zumal wenn es eine Ausgangslage ist, bei der eine OFA-Einheit hinzugezogen wird. Der Täter ist unbekannt, man hat zunächst nur Spuren, die Tat selbst, das Opfer (bei entsprechender Sachlage) und einen Ort, an dem die Tat begangen und/oder ein Opfer gefunden wurde. Man kann die Tat nicht direkt beobachten, sie liegt in der Vergangenheit. Aus diesem Grund müssen die Tat, die Handlungen am Tatort und Opfer rekonstruiert und interpretiert, müssen in eine Form gebracht werden mit dem Ziel der Hypothesengenerierung, auf die sich das weitere Vorgehen gründet. Vergegenwärtigen wir uns noch einmal die Grundannahme dieses Buches. Durch das In-der-Welt-sein sind wir zugleich eingelassen in ein Netz aus Zeichen, Verweisen und *Spuren*. Wir können uns nicht durch die Welt bewegen, ohne Zeichen anzustoßen, Spuren zu hinterlassen. Diese Zeichen zu erkennen, war schon immer die Aufgabe von Kriminalisten, wenn es darum ging, einen Kriminalfall zu klären und den Täter zu überführen. Und schon früh wurden die Methoden, die der jeweiligen Zeit entsprachen, dazu eingesetzt. Gemeint sind damit nicht nur die technisch machbaren Methoden (z.B. Nutzung der Fotografie für die Aufnahme von Tatorten, Tätern oder Spuren ab etwa 1840; oder die ausgedehnte Verwendung von DNA-Analysen seit dem Ende des 20. Jahrhunderts), sondern vor allem auch die soziale Zuschreibung, was Kriminalität sei (das Recht des Stärkeren in ursprünglichen Gesellschaften war nicht kriminell; im Gegensatz dazu ein in der modernen Gesellschaft nahezu alle Bereiche abdeckendes Rechtssystem mit Gesetzen, die Kriminalität und Nicht-Kriminalität weitgehend festschreiben) und was als Beweis gilt (z.B. Gottesbeweise im Mittelalter, Fingerabdrücke auf Tatwaffe heute) oder wie man Geständnisse erreicht (Folter vs. Befragung). Kriminalistisches Tun ist damit – trotz seines in gewissen Teilen automatisierten und routinisierten Ablaufens – immer schon mit gesellschaftlichen und rechtsspezifischen Vorannahmen durchtränkt und darin eingebettet. Die Kriminalistik selbst lässt sich enger fassen und bezeichnen als Methode, Verfahren und Technik, die der Polizei und Ermittlern dazu dienen, Straftaten aufzuklären oder vor diesen zu schützen. Dabei kann hier die Diskussion, ob es sich dabei um eine Hilfswissenschaft oder Wissenschaft handelt, unberücksichtigt bleiben. Auch im Alltagsmenschen steckt ein Detektiv, der Situationen beobachtet, bewertet, Menschen „verdächtigt", Ungereimtheiten auf den Grund gehen will, und dabei Vermutungen anstellt, um „rätselhafte Vorgänge aufzuklären [...]. Kriminalist wird ein 'Detektiv' aber erst dann, wenn er diese Dinge methodisch und im Dienste der Strafrechtspflege betreibt."[73]

Den Fallanalysten unterscheidet vom *normalen* Kriminalisten, dass er zum einen viel mehr Zeit für die Untersuchung eines Falles hat, und dass er methodisch umfangreicher geschult ist. Werfen wir im Nachfolgenden einen Blick auf die Entwicklung der OFA in Deutschland, in der auch nochmals kurz auf die Mythen- und Legendenbildung, die sich um das Profiling gebildet hat, eingegangen werden soll. Denn die Art und Weise, wie der *Gegenstand* – vom Ursprung her der Serienmord – des Profilings und der Fallanalyse in der Öffentlichkeit dargestellt und medial aufbereitet wird, strahlte auch auf die Ermittler aus, die solche Fälle untersuchten.

Eine (ganz) kurze Geschichte der OFA

Die jüngeren Vorläufer der OFA finden sich bei der amerikanischen Bundespolizei, die in den 1970er Jahren damit begann, methodisch, systematisch und institutionalisiert die Erstellung von Täterprofilen voranzutreiben.[74] Dort wurde die *Behavioural Science Unit* (BSU) gegründet, die durch psychologische Analyse und Verhaltensforschung Täterprofile entwickeln sollte. Aus den am Tatort vorgefundenen Spuren, Informationen über das Opfer und über den Tatort selbst, sollten Verweise und Rückschlüsse auf den Täter, seine Verhaltensweisen und seine Identität erarbeitet werden. Anstoß einer solchen Entwicklung und dann institutionalisierten Festschreibung „war die Tatsache, dass die Aufklärungsquote bei Morden in den USA deutlich gesunken war. Nach Ansicht der Experten waren dafür vor allem massive Veränderungen in den Täter-Opfer-Beziehungen verantwortlich. Stammten in den 50er Jahren den FBI-Statistiken zufolge die Täter noch zu mehr als 90 % aus dem Freundes- oder Verwandtschaftskreis der Opfer, so ging in den 70er Jahren bereits ein Drittel aller Tötungsdelikte auf das Konto von Unbekannten. Mit der Gründung der BSU sollte dem damit verbundenen Trend der sinkenden Aufklärungsquoten gegengesteuert werden."[75] Zudem wurde eine (zweifelhafte) Steigerung von Serienmorden konstatiert, die durch eine breite Medienberichterstattung in ihrer Wirkung auf die Bevölkerung verstärkt wurde.
Neben der Entwicklung psychologischer Modelle, Klassifizierungen von Tätern und der Erstellung von Täterprofilen wurden auch

erste empirische Studien durchgeführt, mit deren Hilfe die Taten und das „spezifische Täterverhalten, etwa das Zerschneiden von menschlichen Körpern bis hin zu Vampirismus und Kannibalismus"[76] besser eingeordnet werden sollte. Robert Ressler und John Douglas begannen 1979 ein Interviewprojekt, in dem sie überführte Serienmörder befragten, um mehr über ihre Persönlichkeit, Tatverhalten, Vorgehensweise und Motive zu erfahren. Insgesamt wurden bis 1983 36 Mörder befragt, wobei die Befragung durch Akten- und Gutachenauswertung ergänzt wurde. In einem weiteren Projekt wurden mit ähnlichem methodischen Vorgehen 41 Serienvergewaltiger und ihre Persönlichkeit untersucht. „Auf der Basis dieser beiden Studien entwarf die BSU Kategoriensysteme für Serienmörder und Vergewaltiger speziell für Profiling-Zwecke"[77] und entwickelte für diese Fälle eine Tätertypologie, die zwischen planenden (organized) und nicht-planenden (disorganized) Sexualmördern unterschied. Während man dem planenden Täter soziale Kompetenz, in der Regel eine Berufstätigkeit und eine Vorbereitung auf die Tat zuschrieb, fand man bei einem *Disorganized*-Täter eine eher verwirrte und geistig einfache Struktur vor. „Er soll zurückgezogen und alleine bzw. bei seinen Eltern räumlich nahe am Tatort leben und seine Taten eher impulsiv begehen."[78] Das Modell entwickelte sich zu einer klassischen Einstufung in der Täterprofilforschung, obgleich es heute an Bedeutung verloren hat bzw. auch kritisch betrachtet wird. Neben methodischen Problemen sei hier kurz grundsätzlich auf das Problem von (jeglichen) Typologien hingewiesen. Sie zielen auf eine gewisse Vereinheitlichung und neigen dergestalt dazu, bei der Anwendung den Blick für das im je vorliegenden Fall Besondere zu verschleiern. Durch die Einordnung eines (unbekannten) Täters in eine solche Typologie *droht* damit die Gefahr von Zuschreibungen, die sich aus der Tätertypologie ergeben und nicht unbedingt aus den vorgefundenen Fakten. Die Typologie *bestimmt* damit, wie der Täter ist und welche biographischen oder persönlichen Merkmale von ihm angenommen werden können. Damit ist der größte Vorteil der Typologie zugleich auch ihr größter Nachteil. Sie ist schnell und bietet eine gewisse Routine, also Handlungsverkürzung. Zugleich kann sich aber in der *Abkürzung* ein Detail verstecken, dass das Besondere des Falles ausmacht. Und wenn zudem einzelne (auch wenige) Tatortspuren oder -merkmale der Typologisierung widersprechen, entsteht eine Konkurrenz hinsichtlich der Bewertung der Daten. Für die Praxis lässt sich daher festhalten, dass „das typologiegestützte Profiling nicht als streng lineare Verknüpfung zwischen Tatort- und Tätercharakteristika [funktioniert], sondern es wird eher als heuristisches Prinzip eingesetzt, wobei je nach Spurenlage des Einzelfalles einige Rückschlüsse gezogen, andere jedoch ignoriert werden".[79]

Gerade die Unterscheidung von Reichertz der allgemeinen kriminalistischen Praxis in ein Normal- und Exklusivmodell verdeutlicht dies.[80] Im Rahmen eines Normalmodells, das – wie es der Name bereits anzeigt – die Regel bei einer Straftat bzw. der anschließenden Ermittlung ausmacht, wird die vorhandene Spurenlage mit Spuren aus vorgelagerten Fällen, die diesem Fall ähneln, abgeglichen. Der Täter tut das, was die meisten Täter tun, die Ermittler sehen ihre „Erwartung" an das Täterverhalten erfüllt, sie tun im weiteren Verlauf das, was sich bisher bewährt hat und ermitteln letztlich den Täter. Im Exklusivmodell, das entsprechend seltener vorliegt und daher öfter Gegenstand einer Fallanalyse ist, „passen die vorgefundenen Spuren entweder nicht zu einem Tat- oder Tätertyp (sind also in dieser Form neu) bzw. sie sind zwar in dieser Form bekannt, aber die Zuordnung zu konkreten Verdächtigen führt zu nichts, da der Täter wegen fehlender Täter-Opfer-Beziehung nicht im polizeilichen Ermittlungsnetz ist."[81] In diesen Fällen greifen die herkömmlichen Routinen der Ermittler nicht mehr, und es müssen neue Lesarten und Regeln gebildet werden. In einer solchen Situation kommen Profiler durch eine methodische Herangehensweise und ihrer größeren Erfahrung mit Serientätern zum Einsatz, um eine stockende Ermittlung in eine neue Richtung zu lenken. Denn sie treten gerade dann „auf den Plan", wenn die Fälle sich nicht mehr ohne Weiteres aus dem Altbekannten ableiten lassen uns somit auf der Basis objektiver Spuren neue Hypothesen über den Tathergang bzw. den Täter vonnöten sind.

Wir alle arbeiten mit Vorwissen, gleichen Vorhandenes (und Neues) mit Altbekanntem ab, um es klassifizieren und einordnen zu können. Genau hierin liegt, wie bereits erwähnt, die Ambivalenz von Tätertypologien. Zum einen eröffnen sie die Möglichkeit, Vorhandenes (hier z.B. eine ungeklärte) Serienstraftat mit Altbekanntem (ältere, aufgelöste Serientaten, die Eingang in die Typologie erhalten haben) abzugleichen, es einzuordnen und einen *Sprung* in der Ermittlungsentwicklung zu erreichen. Umgekehrt haben Typologien nur begrenzten Aussagewert über einen spezifischen Einzelfall. Es besteht daher die Gefahr, alles immer aus Altbekanntem erklären zu wollen, was dazu führen kann – das wiederum ist anhand der Aufklärung oder eben Nicht-Aufklärung des Falles zu überprüfen – das Neue und Andere an dem vorliegenden Fall nicht zu erkennen, es vor lauter Typologien zu übersehen. Es ist dieses Spiel zwischen (unverzichtbarer) kriminalistischer Erfahrung und der Bereitschaft, sich in eine künstliche Dummheit – wie Hitzler es nennt – zu versetzen. Und diese spielt bei einer hermeneutischen Ausdeutung von Spuren eine wichtige Rolle. Sie basiert darauf, „dass der Interpret sich gegenüber den ihm begegnenden Wissensbeständen, wie auch gegenüber seinen eigenen 'künstlich' dumm stellt, also so tut als kenne bzw. hätte er sie nicht, um so das infrage stehende Phänomen von seinen kulturellen Routinekonnotationen 'gereinigt', d.h. quasi 'neu' konstituieren zu können. Und sie basier[t] darauf, dass sie das alltagsübliche kategoriale 'Schnell-Sortieren' von (vermeintlich 'klaren') Sachverhalten problematisier[t], dass sie also die dem Alltagsverstehen inhärente 'Subsumptionslogik' suspendier[t] und ihrerseits hinterfrag[t] und somit sozusagen reflexive 'Schwellen' in Deutungsprozesse einbau[t] – wodurch eben der Eigen-Sinn des jeweils infragestehenden Phänomens zum Vorschein gebracht werden soll."[82] Ein solches Vorgehen findet sich übrigens bei einer Reihe von Kreativitätstechniken wieder, z.B. beim Brainstorming, wo es gerade darum geht, durch freies Assozieren und Phantasieren, Routine zu durchbrechen und neue Ideen oder im Falle von Ermittlungen neue Hypothesen zu generieren. Ein weiterer Aspekt in diesem Zusammenhang ist der der Vorannahmen. In unserem Verständnis von einer Sache, Situation oder Person fließen immer schon Unterstellungen und Vorannahmen ein. Ein einfaches praktisches Beispiel mag dies verdeutlichen. Versuchen Sie die neun Punkte ohne großes Nachdenken und schnell mit vier zusammenhängenden, geraden Linien zu verbinden:

Ein Bild, das man sehr häufig so oder verwandt nach dieser Aufgabenstellung erhält, ist das Nachfolgende:

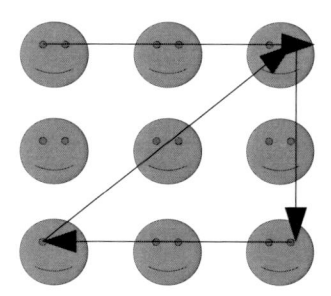

Gelöst wird die Aufgabe mit diesem Versuch nicht. Das Problem ist, dass man eine Vorannahme bei dieser Aufgabenstellung entwickelt, nämlich *im Rahmen* zu bleiben. Davon ist jedoch in der Aufgabenstellung gar nicht die Rede.

Die Lösung für dieses kleine Kreativspiel liegt in der Überschreitung der imaginären Grenze, die wir uns selbst setzen, in dem Erkennen solcher Vorannahmen und der entsprechenden handelnden Reaktion darauf.

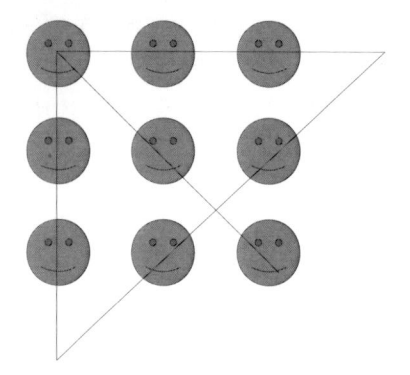

Es sind die Vorannahmen, die die weiteren Handlungsschritte bestimmen bzw. gewisse Möglichkeiten von vornherein ausschließen oder als nicht möglich deklarieren. Ein hohes Maß an Reflexivität und der Sichtbarmachung und Explikation eigener Vorannahmen oder -einschätzungen vermindert das Risiko, durch diese, in der Sicht auf die Dinge oder Situationen beeinträchtigt zu werden. Kommen wir zurück zur Entwicklungsgeschichte des Profilings bzw. der Operativen Fallanalyse. Im Rahmen von Typologisierungen und Vergleichbarkeitserwägungen wurde Anfang der 1980er Jahre eine Datenbank entwickelt (*Violoent Criminal Apprehension Programme*, kurz VICAP), in die Informationen zu Tötungsdelikten eingegeben wurden, um so eine Vergleichbarkeit und möglicherweise neue Ermittlungsanhaltspunkte bei vorhandenen Fällen zu erhalten. Aber erst die darauf aufbauende und von der kanadischen Polizei entwickelte Datenbank ViCLAS (*Violent Crime Linkage Analysis*) erreichte eine Nutzungs- und Bedienungsfreundlichkeit, die zu einer allgemeinen Akzeptanz und weltweiten Verbreitung dieses zusätzlichen Fahndungsinstrumentes führte. Damit wurden nun auch Fahndungen und Vergleichbarkeit von Fällen über Landesgrenzen hinweg möglich, die bei einer steigenden Mobilität von Tätern angezeigt war. Eine solche Datenbank darf nicht mit der reinen Tätertypologie verwechselt werden. Denn durch ViCLAS können ungelöste Fälle miteinander verglichen und damit – bei gewissen substanziellen Ähnlichkeiten bei der Tatdurchführung – ggf. *einem* Täter zugeordnet werden. Es geht also nicht in erster Linie darum, aus verschiedenen (unabhängigen) Einzelfällen gewisse wiederkehrende Motive, Sachlagen oder Handlungsfolgen zu extrapolieren und diese auf einen anderen Fall anzuwenden. Sondern das Ziel ist es dann, ungeklärte Fälle aufgrund einer besonderen *Handschrift* einem Täter zuzuordnen. Daraus lässt sich im Umkehrschluss z.B. durch die Opferauswahl und vor allem die geographische Verteilung der Taten und der so sichtbaren *Bewegung* des Täters auf seinen wahrscheinlichen Lebensraum schließen (vgl. dazu unten das Geo-Profiling). In Deutschland wurde durch die Gründung der Forschungsgruppe *Kriminalistisch-Kriminologische Fallanalyse* (KKF) im Bundeskriminalamt Anfang der 1990er Jahre das Profiling bzw. die Fallanalyse angeschoben, nachdem sich bereits in den 80er Jahren einige Kriminalbeamte verschiedener Nationen vom FBI hatten fortbilden lassen und in Deutschland vereinzelt auf dieser Basis Fallanalysen durchgeführt wurden. Dergestalt entwickelte sich eine sukzessive Verbreitung der Modelle und Verfahren der Fallanalyse. Durch die Forschungsgruppe KKF wurde nicht nur eine einfache Übernahme der amerikanischen Modelle vollzogen. In einer ersten Phase wurden die Methoden zunächst auf Umsetzbarkeit in Deutschland geprüft, daran anschließend vollzog sich dann eine Anpassung der Methoden und Modelle mit eigener Akzentuierung, z.B. der Bevorzugung des Teamansatzes im Gegensatz zur Analyse und Profilerstellung durch eine Einzelperson. In Deutschland ist dergestalt der Fallanalyst eine *Pluralfigur*, der immer eingebettet ist in eine Gruppe. Er bildet damit eine Oppositionsfigur zu den Einzelkämpfern unter den Profilern, wie sie verstärkt in den USA und Großbritannien verbreitet sind bzw. waren.[83] Insgesamt hebt der Ansatz des BKA auf eine „*Ganzheitlichkeit* in der Vorgehensweise"[84] ab, die alle objektiven Tatsachen einbezieht, dabei aber nicht nur deduktiv, sondern auch *abduktiv* vorgeht und sich damit emergenten, d.h. neuen und über die summierten Einzelteile hinausgehenden Situationen und Möglichkeiten öffnet. Eine solche Herangehensweise ist gekennzeichnet von einer Methoden- und Ansatzpluralität, um die Komplexität des menschlichen Handelns und sozialer Situationen, *in* und *aus denen* Kriminalität entsteht, gerecht zu werden. Der Ganzheitlichkeitsansatz zielt hier auf einen Systemcharakter. Der klassische Ansatz, wie er vom FBI seit der Mitte der 1970er Jahre praktiziert wurde, zielt auf die Verfügbarmachung von Zusatzinformationen für die Vor-Ort-Ermittler. Dieses Zusatzwissen wurde durch die bereits angesprochenen Typologie- und Kategoriebildungen zu Täterwissen, Täterverhalten, Täterbiographien und -persönlichkeiten eruiert, indem ältere Fälle diesbezüglich analysiert wurden. „Aus diesen Informationen wurde ein Set von Regeln und Kategorien in Form eines Entscheidungsbaumes gebildet. Die Regeln und Kategorien fanden Eingang in eine Datenbank."[85] Der Vorteil dieses Ansatzes ist seine ökonomische Herangehensweise. Wenn erst einmal die Kategorien und Typologien gebildet sind (und fortlaufend durch neue Informationen validiert werden), lassen sich diese schnell und ohne Expertenwissen weitergeben. Gerade die Schnelligkeit ist hier besonders hervorzuheben. Die Schwächen dieses Systems – wie bereits oben ausführlich beschrieben – zeigten sich besonders deutlich in den Fällen, wo „inhaltliche, logische oder konzeptionelle Grenzen des Systems überschritten werden, d.h., wenn z.B. die Tat untypische Muster aufweist, sich der Täter atypisch verhält".[86] Ein rein statistisches Verfahren kann dergestalt nicht alle Informationen eines Falles berücksichtigen, vielmehr werden die Daten selektiv nach Voraussetzung der jeweiligen Datenbank und der statistischen

Auswertung in *Informationen* gegossen. Im Gegensatz dazu arbeitet die ganzheitliche und methodenorientierte Fallanalyse nicht mit Vergleichen zu anderen Fällen (und statistischen Auswertungen), sondern wendet sich bei ihrem Vorgehen der umfassenden Analyse *eines* Falles zu. Dieser Fall soll in seiner Gesamtheit beschaut und analysiert werden. Dabei bleibt bei der Einzelteile-Analyse nicht unberücksichtigt, dass das Ganze mehr ist als die Summer seiner Teile. Um ein solches Vorgehen zu gewährleisten, wird mit einem ganzen „Methoden-Koffer" gearbeitet, der sich keine disziplinären Grenzen auferlegt, sondern abhängig von der Problemstellung und des Falles je neu *konstituiert*. Dabei gehen qualitative und quantitative Methoden Hand in Hand. Dies sind z.B. nach Vick die *objektive Hermeneutik*, *Subsumtionstechnik*, das *laterale* oder *nicht-lineare Denken* (Denkmethode, die das Querdenken einübt, indem z.B. Details nicht analytisch, sondern intuitiv erfasst werden, keine Schritt-für-Schritt-Herangehensweise, sondern assoziativ-sprunghaftes Vorgehen) oder graphische Verfahren wie die *strukturierte Analyse* oder verschiedene prognostizierende Verfahren. „Man kann bei der Fallanalyse deshalb auch von einem polymethodischen Ansatz sprechen."[87] Durch diese Methodentriangulation – der Anwendung unterschiedlicher Methoden auf ein Phänomen – sollen die Schwächen der einen Methode durch die Stärke einer anderen Methode ausgeglichen werden. Im Gegensatz zu einem rein wissenschaftlichen Vorgehen, ist die Fallanalyse nicht durch erkenntnistheoretische, wissenschaftstheoretische oder methodologische Konflikte, die durch das Kombinieren unterschiedlicher Methoden entstehen können und die bei einer rein wissenschaftlichen Analyse expliziert werden müssen, eingeschränkt. Bei ihr gilt dergestalt ein rein pragmatischer Ansatz, der sich allein in der praktischen Arbeit bewähren muss und nur durch sie validiert und evaluiert wird.[88] Der große Vorteil der polymethodischen Herangehensweise liegt in der Möglichkeit, auch nicht-typische Fälle zu analysieren. Es wird keine Typologie oder *Schablone* benötigt, um sich einem Delikt zuwenden zu können. Aufgrund der vielgestaltigen Hinwendung zum Fall wird eine vorschnelle Einordnung und damit das Übersehen anderer Lösungsmöglichkeiten unwahrscheinlicher. Durch die Gruppenarbeit, in der ein solcher Ansatz eingebettet ist, wird dieser Sachverhalt noch verstärkt. Der Nachteil dieser ganzheitlichen Fallanalyse liegt vor allem in ihrer zeit- und personenintensiven Durchführung und der hohen methodischen Qualifikationsvorgaben für die Teammitglieder. Sichtung, Interpretation und fallanalytische Ausarbeitung benötigen Zeit, die in der Praxis nicht immer zur Verfügung steht. Damit „steckt das Bearbeitungsteam grundsätzlich in einem Dilemma, dass gute Arbeit zwar viel Zeit kostet, dass die Ergebnisse jedoch schnell benötigt werden. Es läuft i.d.R. auf einen Kompromiss hinaus, der je nach erreichter Bearbeitungstiefe mehr oder weniger befriedigend sein kann."[89]

Zu Beginn der Forschungsaktivität der KKF-Gruppe wurde für einen fallanalytischen Zugang der Deliktsbereich der Erpressung bzw. des erpresserischen Menschenraubs gewählt, für den es bisher noch keine spezifische fallanalytische Methodik gab. Aber auch im Bereich der Tötungsdelikte und der Erstellung geographischer Fallanalysen entwickelten sich zusätzliche methodische Ansätze. „Derzeit kann von eigenständigen methodischen Entwicklungen im Bereich der Fallanalyse von Tötungsdelikten, von Fällen der Erpressung oder des erpresserischen Menschenraubs, der vergleichenden Fallanalyse und der geografischen Fallanalyse gesprochen werden."[90]

Die Gründung der Abteilung der Operativen Fallanalyse im BKA – die aus der KKF entsprang – im Jahr 1998 und der dadurch vorgenommenen Institutionalisierung der Fallanalyse führte auch zu Konzepten der Qualitätssicherung, die gewährleistet, dass methodische Nachvollziehbarkeit, Reproduzierbarkeit und Ausbildungsmöglichkeit gegeben sind. Das wiederum erzeugt (zumindest nach innen) eine Transparenz, die das Profiling von mythischem und künstlerischem Ballast befreit und es in ein praxiswissenschaftliches Werkzeug überführt. Wenn das Profiling bzw. die Fallanalyse in ihrem impliziten Selbstverständnis und ihrer methodischen Ausrichtung bisher zwischen genialisch-künstlerischen (Kunst), methodisch-wissenschaftlichen (Wissenschaft) und handwerkspraktischen (kriminalistische Erfahrung) Positionen pendelte, kann man für die deutsche OFA sicherlich eine Position zwischen den beiden letztgenannten Kategorien ausmachen. Zwar verliert man dadurch den *Nimbus* des genialen Ermittlers und geheimnisvoll-allsehenden Spurenlesers und Jägers, gewinnt dadurch aber die Wiederholbarkeit und damit Ausbildungs- bzw. Vermittlungsmöglichkeit des Ansatzes und einen fortlaufenden Verbesserungsprozess der Methodik, der nicht an einzelne Personen gebunden sein muss.

In der Fallanalyse, wie sie in Deutschland verstanden und angewendet wird, spielen – wie erwähnt – auch geistes- bzw. sozialwissenschaftliche Methoden eine große Rolle; darunter auch die Hermeneutik in unterschiedlichen Ausprägungen. Und da auf die Hermeneutik bereits in unterschiedlichen Kontexten eingegangen wurde (Bild- und Alltagshermeneutik) soll hier ein Blick auf sie im Zusammenhang mit der Polizei im Allgemeinen und der Fallanalyse im Besonderen geworfen werden.

Die Hermeneutik und die Fallanalyse

Die Hermeneutik finden in zweierlei Weise Anwendung im Bereich der Polizei. Zum einen gibt es eine hermeneutische Polizeiforschung,[91] die mit den Mitteln (wissenssoziologischer) Hermeneutik u.a. die Handlungspraktiken und -logiken bei der polizeilichen Aufklärungsarbeit, der polizeilichen Vernehmung oder des Spurenlesens bzw. -konstruierens analysiert. Sie blickt dergestalt *auf* die Polizei. Auf der anderen Seite findet *in* der Polizei z.B. die

(objektive) Hermeneutik als Methode im Rahmen kriminalistischer Auswertungsverfahren ihre Anwendung.[92] Beide Perspektiven (*auf* und *in*) – so grundverschieden sie in ihrer Zielsetzung sind – beeinflussen sich derweil wechselseitig. Die Ergebnisproduktion der Sichtweisen *auf* Polizei (also z.b. einer hermeneutischen Polizeiforschung) verweilt nicht im luftleeren Raum, sondern verändert (mal mehr, mal weniger) auch die polizeiliche Praxis und/oder das Selbstverständnis der Polizisten (z.b. im Bereich der Beschuldigtenvernehmung[93]) und kann dann *auch* eine Forschung *für* die Polizei sein. Dieses *Für* ist allerdings ein nachgestelltes *Für*, es ergibt sich erst nachrangig aus einer Verwertbarkeit wissenschaftlicher Methoden oder Erkenntnisse für die Polizeiarbeit. Diese war oder ist in diesem Fall nicht intendiert. Natürlich gibt es auch reine Forschung für die Polizei, wenn beispielsweise Experten hinzugezogen und um Expertisen gebeten werden.
Zirkulär wirkt der Blick auf die Polizei und die entsprechenden Forschungen mitunter deshalb, weil sie – wie erwähnt – auch auf die Praxis der Polizisten wirken können. Die dadurch angestoßenen Veränderungen und ihre Entwicklungen in der Polizei können dann wiederum Gegenstand wissenschaftlicher Untersuchungen werden. Hinzu kommt, dass in der Polizei wissenschaftliche Methoden auf der Basis der Erfahrungen in der praktischen Arbeit angepasst oder eigene Methodenkombinationen entwickelt werden. Auch wenn hierbei wissenschaftliche Standards eine Rolle spielen, bleibt der Gratmesser für die Evaluation der Erfolg in der praktischen Arbeit (sprich: Ermittlungserfolge). Diese kurze Vorgeschichte soll zumindest in groben Zügen die unterschiedlichen, aber dennoch auch zusammenhängenden Spielfelder andeuten, auf denen sich bewegt wird: Wissenschaft und polizeiliche Arbeit, die mit wissenschaftlichen Methoden umgeht und diese anwendet, dadurch aber nicht zwangsläufig zur Wissenschaft wird, sondern verständlicherweise andere Zielsetzungen verfolgt.
Eine Reihe von wissenschaftlichen Methoden findet in der Fall-

analyse ihre Anwendung. Ein Verfahren, das aus dem Bereich der qualitativen Sozialforschung[94] kommt, hat mittlerweile einen festen Platz im Rahmen des praktischen Einsatzes der Fallanalyse: Es handelt sich hierbei um die Objektive Hermeneutik, die im Folgenden skizziert werden soll,[95] wobei bei dieser Skizze auch auf allgemein-hermeneutische Aspekte, wie sie in Kapitel 2 bereits angedeutet wurden, im Zusammenhang mit fallanalytischen Erwägungen eingegangen werden soll. Denn es gibt nicht „ein Verfahren der objektiv-hermeneutischen Textinterpretation. Es existiert lediglich ein gewisses gemeinsames Grundverständnis, das sich von Fall zu Fall in unterschiedliche, sich teilweise ausschließende Varianten ausfaltet."[96] Insgesamt handelt es sich mehr um ein Konzept als um eine Methode, auch wenn in der praktischen Fallarbeit der Konzeptcharakter hinter dem methodischen zurücktritt. Es mag ermüdend klingen, aber es soll kurz darauf hingewiesen werden: Hier kann keine umfangreiche Auseinandersetzung mit der objektiven Hermeneutik erfolgen. Mittlerweile findet man eine Einführung zur ihr in jedem qualitativ-sozialwissenschaftlichen Methodenhandbuch und darüber hinaus eine Vielzahl von Arbeiten zur Kritik, Methodologie oder ihrem Status als Kunstlehre oder wissenschaftlicher Methode. Dem wird der nachfolgende Abschnitt nichts hinzufügen. Warum wird dann dennoch an dieser Stelle auf objektive Hermeneutik eingegangen? Weil sie als fallanalytisches Methodeninstrument Anwendung in der kriminalistischen Analyse gefunden und sich darin bewährt hat. Im Folgenden sollen daher auch im wesentlichen die Aspekte behandelt werden, auf die in diesem Band bisher wert gelegt wurden: Hypothesengenerierung, Strukturen, Zusammenhängendes, Möglichkeiten zur Prognose. Das Konzept der objektiven Hermeneutik geht in seinen Anfängen zurück auf die Arbeiten von Oevermann, Krappmann und Kreppner und ihrem Forschungsprojekt *Elternhaus und Schule*, „das sich ab 1968 mit der Bedeutung des elaborierten bzw. restringierten Sprachcode für den Schulerfolg einer-

seits und den Möglichkeiten des kompensatorischen Unterrichts andererseits beschäftigte."[97]
Quantitative Methoden stießen bei diesem Vorhaben schnell an Grenzen – ein naturwissenschaftliches Weltverständnis lässt sich nicht ohne Weiteres auf die soziale, mit Sinn und Bedeutung angereicherte Welt übertragen –, so dass das Projektteam u.a. in Auseinandersetzung mit der philosophischen und 'traditionellen' Hermeneutik, Chomskys Überlegungen zur generativen Grammatik und dem Strukturkonzept Levi-Strauss' ein qualitatives Forschungsverständnis entwickelte, das ein methodisch kontrolliertes Vorgehen sicherstellt und dabei zugleich der sinnhaften Fassung des Forschungsgegenstandes – der sozialen Welt – Rechnung trägt. Die Welt, die Gegenstand der Sozialwissenschaft ist, ist eine sinnhafte. Den Sinn zu rekonstruieren und zu verstehen, ist daher im weiten Sinne die Aufgabe dieser Wissenschaft. Und die sinnstrukturierte Welt konstituiert sich durch Sprache, die sich in Texten verfestigen lässt. Dinge, die nicht sprachlich oder in Textform vorliegen (z.B. Bilder, Architektur), lassen sich in Text übersetzen. Die objektive Hermeneutik arbeitet dergestalt von ihren Ursprüngen her mit Texten; alles kann vertextet und dann dem Analyseverfahren der objektiven Hermeneutik zugeführt werden. Mittlerweile werden aber auch andere bedeutungstragende Elemente (Kunst, Bilder, Musik oder andere kulturelle Artefakte) analysiert und ausgewertet. „Das Verfahren besteht darin, das jeweilige soziale Handeln erst als ‚Text' zu fassen und zu fixieren, um es dann im Hinblick auf handlungsgenerierende latente Sinnstrukturen vor allem sequenzanalytisch hermeneutisch auszulegen."[98]
Die Welt, Handlungen und Artefakte lassen sich dergestalt – als wichtige These der objektiven Hermeneutik – grundsätzlich vertexten, d.h. in Textform übertragen, es sind *Protokolle der Welt*. Mehr noch gibt es überhaupt keinen unmittelbaren methodologischen Zugang zur und Zugriff auf die Welt, so dass das Protokoll der protokollierten Wirklichkeit keine zu vermeidende Reduktion

oder eine Beschränkung ist. Es ist schlicht die Anerkennung des Umstandes, dass sich Wirklichkeit nur unmittelbar im Hier und Jetzt ereignet und eine wissenschaftliche Betrachtung oder Rekonstruktion immer schon mit Ableitungen aus diesem unmittelbaren Hier und Jetzt arbeiten muss. Der Vorteil der Vertextung bzw. der Protokollerstellung liegt dann in der Konservierbarkeit des sozialen Handelns und der damit verbundenen beliebig wiederholbaren Betrachtung des Datenmaterials und damit auch der methodischen Überprüfbarkeit der Ergebnisse. Die regelgeleitete Analyse und die Möglichkeit, gleiche Anfangsbedienungen herstellen zu können, gewähren so eine objektive Überprüfung der Ergebnisse, ganz ähnlich, wie man es vonseiten naturwissenschaftlicher Experimente kennt. Bei der Analyse des Datenmaterials geht es in erster Linie *nicht* darum, herauszubekommen, was der Produzent eines Textes oder Artefaktes sich bei der Herstellung bewusst gedacht hat, es geht nicht um die Rekonstruktion seiner bewussten Motive und Wünsche, sondern um dass, was die objektive Hermeneutik als objektive (latente) Sinnstruktur bezeichnet. „Latente Sinnstrukturen sind objektiv gegebene Realitäten genau insofern, als sie von objektiv geltenden Regeln im Sinne von Algorithmen generiert werden und als solche mit Anspruch auf objektive Gültigkeit durch Inanspruchnahme genau jener Regeln im Interpretationsakt rekonstruiert werden können, die schon bei der Erzeugung der zu interpretierenden protokollieren Wirklichkeit operierten".[99]

Das Handeln der Menschen basiert in dieser Sichtweise auf Strukturen und generativen Regeln – also einem strukturalistischen Modell – im Rahmen einer Interaktions- und Sprachgemeinschaft, die es zu identifizieren und explizieren gilt. Jedes Handeln ist in gewisser Hinsicht regelgeleitet. „Das Konzept der Regelgeleitetheit geht davon aus, dass jede Handlung, jede soziale Praxis, sich in einem Raum regelerzeugter Möglichkeiten bewegt. Die fundamentale Bedeutung der Regelgeleitetheit ist in ihrer *Nichthinter-*

gehbarkeit zu sehen. Die Lebenspraxis kann sich ihr weder entziehen, noch kann sie die Regelgeltung außer Kraft setzen. Sie kann die regelgeleitete Welt nicht verlassen. Sie kann und muss einen Ort in dieser Welt einnehmen. Und dieser Ort ist nur bestimmbar unter Rekurs auf Regeln. Das Konzept der Regelgeleitetheit formuliert, anders als das der sozialen Normen, nicht, *was zu tun ist*, sondern *was es heißt, etwas zu tun*. Die Regelgeleitetheit verleiht der Handlung erst Bedeutung."[100]
Wenn ein Mensch nun eine Handlung oder Äußerung tätigt, dann besitzt diese eine subjektive und eine objektive Bedeutung. Letztere, die man als latente Sinnstruktur bezeichnen kann, wird von der objektiven Hermeneutik in den Blick genommen und aufgedeckt und zwar mittels einer mehrstufigen, sequentiellen Interpretation. Interpretiert werden in der Regel Texte bzw. Vertextungen. Das können Protokolle von Vernehmungen, Bekenner- oder Erpresserschreiben sein, Aufnahmen von Telefonaten usw. Aber auch Bilder oder Filme können in Form von Vertextungen der Analyse zugeführt werden. Im Rahmen der Interpretation wird von fünf Interpretationsprinzipien ausgegangen.[101] Das ist einmal die *Kontextfreiheit*. Zwar lassen sich die Kontexte und Rahmen, in denen Handlungen und Interaktionen eingelassen sind, nicht ohne Weiteres ausblenden. Dennoch ist das Ziel, zunächst unabhängig vom Kontext, unvoreingenommen mit möglichst wenig Vorannahmen an einen Text zu gehen und diesen zu interpretieren, um eine möglichst hohe Hypothesengenerierung und verschiedene Lesarten zu ermöglichen. Anschließend kann dann der reale und zuvor erkannte Kontext der Interaktion als Opposition und Kontrast der kontextunabhängig generierten Lesarten gegenübergestellt werden. Im Ablauf wird dergestalt zuerst kontextfrei und dann kontextualisiert interpretiert. Das Prinzip der *Wörtlichkeit* hebt darauf ab, dass der Text in seiner Tatsächlichkeit, d.h. in seiner protokollierten, vorliegenden Form erfasst und interpretiert werden muss. So sind z.B. kleinere Versprecher im Text gerade

nicht zu überlesen, obwohl man aus seiner alltäglichen Erfahrung sogleich meint, sie zu verstehen. Vielmehr muss der Text kleinlich und peinlich genau angeschaut und interpretiert werden, weil sich gerade an den Textabweichungen (Versprecher, falsche Fallbildung etc.) – die häufig im Fluss der Alltäglichkeit übersehen werden – die latenten Sinnstrukturen rekonstruieren lassen. Denn nicht die Textintention soll rekonstruiert werden, sondern der latente, objektive Sinn, der sich über den Text rekonstruieren lässt. Die *Sequenzialität* spielt in der objektiven Hermeneutik eine zentrale Rolle. Forschungspraktisch kommt sie als Analyseinstrumentarium der Texte zur Geltung. Wort für Wort und Satz für Satz wird interpretiert. Oevermann expliziert: „Die Sequenzanalyse geht von der elementaren Feststellung aus, dass alle Erscheinungsformen von humaner Praxis durch Sequenziertheit strukturiert bzw. konstituiert sind. Darunter wird hier nicht die triviale Form von Temporalisierung im Sinne eines zeitlichen Nacheinanders verstanden, sondern der nicht-triviale Umstand, dass jegliches Handeln und seine kulturellen Objektivierungen qua Regelerzeugtheit soziales Handeln sind. Und Regelerzeugung impliziert, dass die auch temporal sich manifestierende Sequentialität nicht auf ein Ursache-Wirkungs-Bedingungsverhältnis, sondern eine sinnlogische Grund-Folge-Beziehung zurückgeht – analog zu einem Algorithmus im Sinne einer rekursiven Funktion. Regelerzeugung bedeutet in sich Sequenzierung. Jedes scheinbare Einzel-Handeln ist sequentiell im Sinne wohlgeformter, regelhafter Verknüpfung an ein vorausgehendes Handeln angeschlossen worden und eröffnet seinerseits einen Spielraum für wohlgeformte, regelmäßige Anschlüsse. An jeder Sequenzstelle eines Handlungsverlaufs wird also einerseits aus den Anschlussmöglichkeiten, die regelmäßig durch die vorausgehenden Sequenzstellen eröffnet wurden, eine schließende Auswahl getroffen und andererseits ein Spielraum zukünftiger Anschlussmöglichkeiten eröffnet." [102] Im Rahmen einer Textanalyse bedeutet das ein strikt sequentielles Vorgehen, das ein Springen im Text nicht zulässt. Ein Text darf also nicht nach vermeintlich interessanten Auffälligkeiten durchsucht und analysiert werden. Nur durch eine Schritt-für-Schritt-Herangehensweise lässt sich die besondere Dynamik und Prozessierung von Interaktionen sichtbar machen.

Der Aspekt *der Extensivität* hebt darauf ab, dass im Rahmen einer Feinanalyse das Protokoll umfassend und ausführlich interpretiert wird. Dabei muss der Ausführlichkeit nicht eine große Menge an Daten bereitstehen. Ganz im Gegenteil können auch kurze Textpassagen bereits beachtliche Rekonstruktionsleistungen ermöglichen. Die Erfassung der dem Text unterlegten sinnlogischen Struktur ist deshalb bereits aus Teilen eines Protokolls möglich, weil – im holistischen Sinne – das Ganze auch in den Teilen zu finden ist. Daher – das sei am Rande bemerkt – handelt sich es sich bei einer objektiv hermeneutischen Interpretation streng genommen nicht um eine Einzelfallanalyse, auch wenn das Protokoll als ein Einzelfall behandelt wird. Denn das, was rekonstruiert wird, ist eine in der sozialen Welt sinnlogisch vorkommende Struktur und besitzt dergestalt einen ganzheitlichen, reproduzierbaren Anspruch. Auch wenn die Maxime lautet, das gesamte Protokoll sequentiell zu analysieren, ist es forschungspraktisch nicht immer möglich (z.B. durch begrenzte zeitliche Ressourcen). Wernet bringt es auf den Punkt: „Die Rekonstruktion der Strukturlogik beansprucht, das Ganze des Gebildes im Sinne der dieses Gebilde hervorbringenden Strukturprinzipien zu rekonstruieren. Diese strukturrekonstruktive Operation lässt sich an geringen Datenmengen *vollständig* durchführen. Die Triftigkeit und Aussagekraft der *extensiven Feinanalyse* bemisst sich an der *Qualität* der Interpretation, nicht an der *Quantität* des einbezogenen Datenmaterials."[103] Das heißt, dass die möglichen Lesarten des Materials möglichst vollständig und erschöpfend erschlossen werden sollen. Wann dies der Fall ist, lässt sich nur situativ entscheiden und nicht vorab festlegen.

Das fünfte Interpretationsprinzip ist das der *Sparsamkeit* und steht in enger Verbindung zu den zuvor Genannten. Auch wenn die extensive Feinanalyse möglichst alle Lesarten des Datenmaterials auszuinterpretieren sucht, gebietet das Sparsamkeitsprinzip nur solche Lesarten zu bilden, die ohne Zusatzannahmen und unterstellten Besonderheiten gebildet werden können. Hierdurch wird eine Forschungsökonomie sichergestellt, die eine „ziel- und endlose Bedeutungssuche"[104] vermeidet und sicherstellt, dass man nur dem tatsächlichen Text verpflichtet ist und außertextliche Annahmen, die dann zu weiteren Lesarten führen könnten, verhindert. Das Spannungsfeld, welches sich hier auftut, ist der Anspruch, möglichst viele und alle möglichen Lesarten und Hypothesen zu generieren bei gleichzeitiger Enthaltsamkeit gegenüber Interpretationen, die nicht am und durch den Text begründet sind. Die bisherigen Ausführungen lassen bereits erahnen, warum ein solches Verfahren auch in der kriminalistischen Fallanalyse ein gewinnendes Anwendungsgebiet findet. Es sind die Handlungsverläufe mit ihren Brüchen und ihren Anschlussmöglichkeiten, die Hypothesen zulassen, warum der Täter wie gehandelt hat. Und dabei ist es zunächst unerheblich, ob er die Entscheidung bewusst oder unbewusst getroffen hat. Im Rahmen der kriminalistischen Fallanalyse werden dergestalt sowohl der subjektive Sinn – also der Sinn, den der Täter mit seinem Handeln verbindet – und der objektive Sinn – der Sinn, der durch Strukturen generiert wird, in denen sich der Täter bewegt bzw. die er *bedient* und die unbewusst ablaufen – analysiert, auch wenn sich die objektive Hermeneutik in erster Linie für den Letztgenannten interessiert. Im Rahmen einer kriminalistischen Nutzung der objektiven Hermeneutik sind die Vertextung „aller vorliegenden Befunde, Spuren, Aussagen und Erkenntnisse, die sich im Zusammenhang mit einem Tathergang ergeben"[105] von zentraler Bedeutung. Diese *Spurentexte* und die Rekonstruktion der Fallstruktur machen die verborgene, latente Sinnstruktur der Tat sichtbar; die Protokolle

lassen sich als Lebensprotokoll des Täters verstehen.
Die Sichtbarmachung der Sinnstruktur der Straftat ermöglicht dann aus dem Spurentext ein Profil des Täters zuerstellen, das – zumindest in einigen Merkmalen – den Täter besser kennt, als er sich selbst.
Im Falle einer Erpressung kann das beispielsweise heißen, dass der Täter vordergründig Geld fordert, „sich hinter dem verfassten Schreiben aber eine Persönlichkeit widerspiegeln kann, die durch die Tat fortwährend Minderwertigkeitsgefühle und ein persönliches Scheitern im Leben des Täters zu kompensieren versucht."[106]
In der Regel begeht der Täter nicht nur die Tat als primäres Ereignis, sondern führt oft gleichzeitig Tarnhandlungen aus, die sein Tun und damit ihn als Person verschleiern sollen. Zusätzlich zum ohnehin schon vorhandenen Informationsdefizit, mit dem sich die Ermittler konfrontiert sehen, müssen solche Tarnhandlungen erkannt und analysiert werden und können dann – als Teil der Tat verstanden – selbst wichtiger Hinweisträger sein. Denn die Durchführung und die Art und Weise gewisser (erkannter) Tarnhandlungen kann z.B. ein Hinweis auf Kenntnisse, Gewohnheiten oder wiederholte Taten sein, die auf strategisches Handeln deuten oder umgekehrt ein Anzeichen für Affekt oder „Unerfahrenheit" des Täters mit der Situation sind. In Erpresserschreiben können Tarnhandlungen das Vorspielen einer ausländischen Herkunft sein, z.B. indem als Muttersprachler versucht wird, in einem gebrochenen Deutsch zu schreiben, bewusst Fehler in der Orthographie zu produzieren oder eine mangelnde Grammatik zu implementieren. In diesem Feld hat es sich die forensische Linguistik zur Aufgabe gemacht, solche Tarnhandlungen zu entdecken und im Rahmen der Autorenerkennung zugleich mehr über den Täter zu erfahren. Eine Tarnhandlung kann in diesem Zusammenhang auch der im Plural verfasste Erpresserbrief sein, „obwohl es sich in den meisten Fällen um einen Einzeltäter handelt."[107]
Die Tarnhandlungen selbst – unabhängig in welchem Rahmen

(Tatort, Erpresserbrief) sie vollzogen werden – weisen zudem darauf hin, dass der Täter mit seiner Tat ein Unrecht verbindet. Er weiß um seinen Verstoß gegen geltendes Recht, wenn er seine Tat tarnen will. Umgekehrt ist eine Tat, die keine solchen Hinweise enthält ebenfalls aufschlussreich, weist sie doch möglicherweise darauf hin, dass der Täter im Affekt bzw. ungeplant gehandelt hat, vielleicht kein Unrechtsbewusstsein mit seiner Tat verbindet oder gestört wurde usw. Tarnhandlungen sind allerdings zeitlich parallel mit der eigentlichen Tathandlung gleichzusetzen, sie werden also nicht nur *nach* der Tat durchgeführt. Beispielsweise ist das Tragen von Handschuhen eine schon vor der Tat eingeleitete Tarnhandlung, um vor dem Hinterlassen von Fingerabdrücken zu schützen.

„Im Handlungsgeschehen laufen beide Ebenen gleichzeitig ab und ein Spurentext muss generell auf beide Aspekte [primäre Strafhandlung und sekundäre Tarnhandlung, O.B.] hin untersucht werden."[108] Tat und Tarnhandlungen sagen etwas über den Täter aus, über seine Verfasstheit, seine Intentionen, den Weg bis zur Zielerreichung u.a. In diesem prozessualen Fortgang im Rahmen einer Tat schieben sich aber auch Nebensächlichkeiten, kleine *Wirbel* von Unkontrolliertheiten und Beiläufigkeiten, die vom Täter nicht bedacht und deshalb nicht getarnt werden konnten. Das können in einem Erpresserbrief gewisse schriftliche oder bei Tonaufnahmen sprachliche Besonderheiten sein oder im Rahmen eines Tatablaufes Handlungen, die nicht unbedingt zur Zielerreichung nötig gewesen wären, sich also oberflächlich betrachtet als „unnötig" ausweisen.

Diese Nebensächlichkeiten, Randerscheinungen und Eigentümlichkeiten, die es im Rahmen der Spurentextanalyse zu entdecken gilt, bieten – sofern sie richtig *entschlüsselt* werden – eine aufschlussreiche Informationsquelle über die Verfasstheit des Täters.

Heuristische Metaregeln in der OFA

Es wurden bereits einige Aspekte des Vorgehens im Rahmen einer Fallanalyse angesprochen. Zur Verdichtung sollen hier die heuristischen Metaregeln,[109] die für die Durchführung einer Fallanalyse wesentlich sind, nochmals verdichtet dargestellt werden. Die Fallanalyse betreibt – wie bereits erwähnt – keine Wissenschaft, auch wenn sie unterschiedliche wissenschaftliche Methoden nutzt, um ans Ziel zu kommen, nämlich eine möglichst vollständige Tatrekonstruktion, Täterprofilerstellung und im Idealfall den Anstoß zur Täterermittlung. Ihre Herangehensweise lässt sich am Besten als pragmatisch beschreiben.

Die *Vorrangstellung der Einzelfallperspektive* dient dazu, den vorliegenden Fall in seiner Besonderheit zu begreifen. Typologien können dabei wichtige Hintergrundinformationen bieten, sollen also nicht grundsätzlich ausgeschlossen werden. Das *Primat objektiver Daten* betont die grundsätzliche Vorrangstellung der objektiven Spurenlage. Dies können rechtsmedizinische oder weitere Tatortbefunde sein. An diesen ausgerichtet wird dann die Rekonstruktion des Tatherganges vorgenommen, die „[d]as Herzstück der FA"[110] bildet. Erst die Lücken, die sich durch die objektive Spurenlage auftuen, werden dann interpretativ gefüllt. Die objektiven Daten stehen dabei immer im Vordergrund und geben bei der Tatrekonstruktion und einer Täterprofilerstellung den Ton an. So wird von vornherein sichergestellt, dass der Spekulationsgrad, der mit dem lückenhaften Wissen verbunden ist, so gering wie möglich gehalten wird. Das *hypthetikodeduktive Vorgehen* versucht daran anschließend, Hypothesen zu Aspekten der Datenlage zu erstellen und diese zu bewerten. Im Rahmen eines deduktiven Schließens, wird von unstrittigen Hypothesen auf die Glaubwürdigkeit für den vorliegenden Fall geschlossen. So werden sukzessive Hypothesen ausgeschlossen bzw. als wahrscheinlicher als andere bedacht. Damit wird deutlich, dass es nicht um

Wahrheits-, sondern um Wahrscheinlichkeitsaussagen geht, die durch ein solches Verfahren getätigt werden können. „Dieses Verfahren wird sequenziell über den Tathergang gezogen, ohne dabei den Fokus bei der Bewertung von Folgeereignissen a priori auf das Etablierte zu legen. Dies bedeutet, dass sich Hypothesen immer wieder neu bewähren müssen."[111]

Als eine Hintergrundbedingung wird der *chronologische Nachvollzug* verstanden, der sicherstellt, dass die Handlungsabfolge einer Tat, so wie sie sich durch die Spurentexte erschließen lässt, sequenziell bzw. chronologisch erschlossen werden muss. Nur so lässt sich ein Verständnis für die Entscheidungen des Täters im Vollzug der Tat gewinnen. Dabei helfen kann das *Nachstellen von Tatsequenzen*. Dieses ist – aufgrund der nur begrenzten Informationslage zum Tathergang – zwar hypothetisch, dennoch lassen sich aus ihr Informationen gewinnen, die gewisse, zuvor aufgestellte Hypothesen wahrscheinlicher oder unwahrscheinlicher machen. Das Nachstellen von Tatsequenzen ermöglicht eine nicht nur kognitive, sondern auch „physische" Annäherung an Handlungsabläufe der Tat (welcher Kraftaufwand war z.B. für gewisse Tathandlungen nötig). Dabei geht es aber nicht um das Hineinfühlen in die Täterseele oder Hineindenken in das Täterbewusstsein, sondern strikt um das sinnliche Erfahren gewisser Abläufe. Ein weiteres wichtiges Prinzip ist die bereits oft angesprochene *Hypothesenvielfalt*, die sicherstellen soll, dass die Leerstellen des Falles mit den möglichen Hypothesen gefüllt werden. Dabei entsteht gerade aus konkurrierenden und alternativen Hypothesen ein fruchtbares Spannungsfeld, das zum Verständnis des Falles beiträgt. Dieses Prinzip steht in enger Verbindung mit dem Primat der objektiven Daten, die einen gewissen Gliederungsimpuls vorgeben. Interpretatives Arbeiten und die Hypothesenaufstellung und -prüfung sind zeitaufwändig und stehen damit dem ermittlungsökonomischen Vorgehen und dem dafür vorhandenen Zeitreservoir spannungsgeladen entgegen. Ermittlern steht kein unbegrenztes Zeitbudget zur Verfügung, sie müssen entsprechend pragmatisch und zielführend arbeiten. Wann und wie eine Hypothese angenommen oder verworfen wird, ist in der Praxis immer auch abhängig von dem jeweiligen fallanalytischen Team und dem kommunikativen Austausch des Teams untereinander. Kommunikativ und diskursiv werden Hypothesen aufgestellt, modifiziert, verworfen oder validiert. Die *kommunikative Validierung* der Hypothesen spielt ermittlungspraktisch eine zentrale Rolle. Aus diesem Grund muss die Diskussion in der Gruppe offen geführt, aber auch progressiv moderiert werden. Zudem folgt die Fallanalyse dem Prinzip des *Ockham'schen Rasiermesser*, das nach dem englischen Philosophen und Theologen aus dem 13. bzw. 14. Jahrhundert (1285-1347) benannt wurde. Dabei handelt es sich um ein Sparsamkeitsprinzip aus der Scholastik, das weiterhin Anwendung im Rahmen wissenschaftlicher Methodik findet. Es besagt, dass bei der Auswahl mehrerer Erklärungsmöglichkeiten für den vorliegenden Fall diejenige zu bevorzugen ist, die mit der niedrigsten Anzahl von Hypothesen (und damit der unterstellten unspekulativsten Erzählung) auskommt. Meist sind es im Zusammenhang mit der Fallanalyse die einfachen Umstände und „Geschichten", die dem Tatablauf am nächsten kommen und weniger die auf Außergewöhnlichkeit und Kompliziertheit angelegten. Auch dieser Umstand grenzt die „Mythenbildung" im Profiling ein und zeigt zugleich an, dass das kriminelle Tun nicht immer so weit von der Normalität entfernt ist, wie man es auf einen ersten Blick vermuten könnte.

Im Rahmen der *Modellentwicklung* werden die fallanalytischen Bewertungen verdichtet und z.B. in ein Phasenmodell des Tatablaufes überführt. Dabei werden die Modelle fortlaufend auf Konsistenz und Plausibilität überprüft. Im Rahmen heuristischer Metaregeln in der Fallanalyse kommt ein kompletter heuristischer Ansatz zum Tragen: Das *laterale Denken* nach Edward de Bono, das darauf abzielt, eingefahrene Denkmuster, z.B. durch Perspektivenwechsel, assoziative Sprünge, der Suche nach absichtlich unkonventionellen Lösungen, zu überwinden. Es wird deutlich, dass die Fallanalyse mit konkurrierenden Ansätzen arbeitet, die einmal auf eine Verallgemeinerbarkeit und Modellhaftigkeit abzielen, aber zugleich einen vorliegenden Fall als Einzelfall mit seinen Besonderheiten behandeln. Es wird auf Sparsamkeit bei der Hypothesenbildung geachtet, aber zugleich sollen mit kreativen Ansätzen auch ungewöhnliche Sichtweisen und Perspektiven in die Fallarbeit eingebracht werden. Denn nur so lassen sich die Bedeutungszusammenhänge im Rahmen einer Straftat rekonstruieren. Im Rückbezug auf die Person des Fallanalytikers lässt sich sagen, dass er auf einer methodischen Basis mit Unsicherheiten strukturiert umgehen können muss.[112] Es ist ein zielorientiertes 'Spiel' – Erkenntnisgewinn in Bezug auf Tat, Tathergang und Täter – zwischen Struktur und Zweifel, methodischer Sicherheit und informeller Unsicherheit, zwischen Regel und Regellosigkeit, auf das sich der Fallanalytiker einlassen muss. Denn die von ihm behandelten Fälle lassen sich „nur bedingt im Wege der Anwendung formalisierten Regelwissens"[113] erfassen und auflösen. In diesem Zusammenhang lässt sich ein Tatort als eine semiotische Verweisungsstruktur begreifen. Er ist ein zeichenbehafteter Ort, der aus einem Netz von Bedeutungen gewoben ist. Der Tatort lässt sich beispielhaft als ein *semiotisches Vieleck* begreifen.

Tat und Tatort als semiotisches Vieleck

Bisher wurde mehrfach auch vom Tatort gesprochen, ohne darauf aufmerksam zu machen, dass hier in erster Linie der kriminalistische Tatort gemeint war und nicht der juristische. Die juristische Definition findet sich in §9 StGB:
„(1) Eine Tat ist an jedem Ort begangen, an dem der Täter gehandelt hat oder im Falle des Unterlassens hätte handeln müssen oder an dem der zum Tatbestand gehörende Erfolg eingetreten ist

oder nach der Vorstellung des Täters eintreten sollte.
(2) Die Teilnahme ist sowohl an dem Ort begangen, an dem die Tat begangen ist, als auch an jedem Ort, an dem der Teilnehmer gehandelt hat oder im Falle des Unterlassens hätte handeln müssen oder an dem nach seiner Vorstellung die Tat begangen werden sollte. Hat der Teilnehmer an einer Auslandstat im Inland gehandelt, so gilt für die Teilnahme das deutsche Strafrecht, auch wenn die Tat nach dem Recht des Tatorts nicht mit Strafe bedroht ist."

Der Tatort in kriminalistischer Hinsicht folgt anderen Charakteristiken, die pragmatisch ausgerichtet sind und zwar im Rahmen der Spuren- und Bedeutungsgewinnung über den Täter. In diesem Sinne können dann auch Orte in der Vortatphase als „Tatorte" gefasst werden, um sie dann entsprechend spurentechnisch untersuchen zu lassen. Gleiches gilt für die Haupt- und Nachtatphase. Damit beinhaltet der kriminalistische Tatortbegriff den juristischen, weitet ihn aber ermittlungspragmatisch aus. In einem engen Sinne ist der Tatort dann der Ort, „an dem sich die Tat unmittelbar ereignet hat und an dem das kriminalistisch relevante Geschehen Veränderungen in der Außenwelt hinterlässt bzw. hinterlassen hat. Der Tatort im weiteren Sinne umschreibt alle übrigen Handlungsorte des Täters, soweit nicht strafbar auch in der Vor- bzw. Nachtatphase."[114] Der Tatort spielt bei der Ermittlung dergestalt eine zentrale Rolle, weil er unmittelbar mit Zeichen und Spuren des Täters behaftet ist. Aus diesem Grund ist die Aufnahme und Sichtbarmachung von Veränderungen, – oder um im Duktus des vorangegangenen Kapitels zu bleiben die Störung der Ordnung zu identifizieren – von zentraler Bedeutung. Die Zeichen und Spuren, die der Täter durch seine Anwesenheit produziert und am Tatort hinterlassen hat, sind mit die wichtigste Informationsquelle für die Ermittlung und den Tatbefund. Der Tatort bietet neben diesen Spuren noch eine weitere Information, seine geografische Lage, d.h. der Ort als Punkt in einem raumzeitlichen

Koordinatensystem. Das Geo-Profiling versucht, durch den Tatort und das bekannte oder extrapolierte geografische Verhalten des Täters, Zusammenhänge „zwischen dem Lebensraum des Täters und seinem tatbezogenen Handlungsspielraum"[115] aufzuzeigen. Hierbei lassen sich einige Vorannahmen benennen, die sich aus empirischen Studien, daraus entwickelten Theorien und der praktischen Arbeit gewinnen lassen und damit eine gewisse Validität besitzen:[116] Bei Vergewaltigungen und Sexualmorden lässt sich eine regionale Orientierung der Täter feststellen. Das ist wiederum, vor dem Hintergrund von rational choice Unterstellungen, einsichtig. Der Täter kennt diese Umgebung, weiß, wo er mögliche Opfer treffen kann, kennt Orte, an dem sich die Tat vollziehen lässt und zugleich auch Fluchtwege. Er und das klingt nahezu euphemistisch bewegt sich sicher und routiniert durch seinen Lebensraum, aber dennoch soweit entfernt von seiner lokalen, ihn kennenden Umgebung, dass er nicht auf Anhieb erkannt oder zugeordnet werden kann. Ein Täter wird „unter der Voraussetzung einer Gleichverteilung potenzieller Möglichkeiten (dabei spielen Parameter wie Attraktivität des Ziels, Ressourcen- und Mitteleinsatz oder Sicherheitsbedürfnisse eine Rolle) diejenige Variante [wählen], die aus Tätersicht mit der geringsten räumlichen Veränderung verbunden ist."[117] Man kann in diesem Zusammenhang die Gelegenheitstat, die einen spontanen Tatentschluss beinhaltet, und eine geplante Tat, die einen vorgefassten Tatentschluss beinhaltet, unterscheiden. Bei beiden zeigt sich eine regionale Ausrichtung, jedoch ist die bei dem planenden Täter größer, als bei dem Erstgenannten. Der Tatort ist ein Handlungsraum, und in dieser Eigenschaft ist er mit dem Lebensraum des Täters und seinen (Alltags-)Handlungen in gewisser Hinsicht verbunden. Und wenn mehrere Tat- und/oder Fundorte im Zusammenhang mit einer Serientat eruiert werden, dann lässt sich ein Bewegungsprofil extrapolieren, das weitere Anhaltspunkte und Hinweise, weitere Verweisungsstrukturen beinhalten kann. Als alleiniges Merkmal oder alleinige Spur mag die Erkenntnis, dass ein Täter mit einer hohen Wahrscheinlichkeit im Umkreis von 20 Kilometern zu finden ist, nicht gerade aussagekräftig sein. Zumal, wenn dies vor dem Hintergrund eines Tatortes in einer Großstadt oder einem dicht besiedelten Gebiet geäußert wird. Aber „in Kombination mit weiteren Recherchekriterien" bieten sich „Möglichkeiten der Bildung eines Tatverdächtigenkreises bzw. Priorisierung innerhalb eines bereits bestehenden Kreises von Tatverdächtigen."[118] Insgesamt bildet der Tatort damit eine zentrale Informationsquelle für die Ermittler und Fallanalysten. Und das Geo-Profiling dient als zusätzlicher Ansatz im Instrumentarium der OFA. Da ist das Geo-Profiling nicht einfach „eine bloße Anwendung feststehender Regeln"[119], sondern ein umfassender Ansatz, der mit empirischen Erkenntnissen, berechnenden Bewegungsprofilen und handlungstheoretischen Erwägungen zu Wahrscheinlichkeitsaussagen über den Wohnort des Täters kommt. Die Analyse einer Tat geht mit der Sichtung und der Produktion unzähliger Informationen einher. Die Ermittler – und damit stehen sie dem Alltagsmenschen in nichts nach – stehen in einem Fluss der Zeichen. Aus diesem Grund ist die methodisch-kontrollierte Herangehensweise im Rahmen einer Ermittlung von grundsätzlicher Bedeutung. Bedeutungsträgerschaft haben im Zusammenhang mit einer Straftat – zumal bei einem Mord oder Serienmord – der Ort der Tat und die Zeit, das Mordwerkzeug, der Ablauf der Tat, aber auch das Opfer. Die Verzweigungen und Verweisungsstrukturen, die sich im Rahmen einer kriminellen Tat eröffnen, sind dergestalt vielfältig. Nicht nur der Täter selbst und sein aktives Handeln sind dabei wichtiger Teil des Zeichen- und Informationsreservoirs, auch das Opfer verweist auf den Täter. Die Wissenschaft vom Opfer, die Viktimologie, als Teil der Kriminologie untersucht den Prozess der Opferwerdung, die Täter-Opfer-Interaktion und sucht nach Präventionsmöglichkeiten, um potentielle Opfer vor der Opferwerdung zu schützen. Praktische Ergebnisse solcher Forschung sind z.B. Selbstbehauptungskurse für Frauen und Kinder, die mittlerweile bereits ab dem Kindergarten und der Grundschule angeboten werden. Wie soll nun die Viktimologie im Zusammenhang einer Tatermittlung bzw. Fallanalyse hilfreich sein können? In der Tat ist die Viktimologie keine kriminalistische Ermittlungsmethode und ein Viktimologe ist kein Kriminalist. In der ZDF-Fernsehserie „Der Kriminalist" wird Kommissar Schumann in seiner Filmbiographie als „Viktimologe" ausgewiesen. Gemeint ist im Serienzusammenhang eine gewisse Ermittlungsstrategie, die vom Opfer ausgeht, es in den Mittelpunkt stellt und über das Opfer zum Täter gelangt. Kommissar Schumann versucht an mancher Stelle, sich in die Perspektive des Opfers einzufühlen und zu denken, indem er sich ins Bett des Opfers legt, um die Perspektive aufnehmen zu können, sich die Literatur des Opfers anschaut, die es gelesen hat oder die Wohnung nicht nur unter Spurengesichtspunkten genau beschaut, um das Opfer besser zu verstehen und darüber ggf. eine weitere Perspektive auf den Tathergang und den Täter zu erhalten. Wie gesagt, die Viktimologie ist keine Ermittlungsmethode, aber ein „Funken" Wahrheit beinhaltet diese Fernsehperspektive dennoch. Denn das Opfer bildet ein Verweisungselement, das auf den Täter deutet. Wissen und Informationen über das Opfer können zugleich Informationen werden, die den Täter zu einem Teil aus seiner Unbekanntheit hin zu einem ersten Profil überführen. Bei der überwiegenden Mehrzahl von Taten gegen das Leben besteht eine Vorbeziehung zwischen Täter und Opfer. Daher ist die Ermittlung bei diesen Taten im direkten sozialen Umfeld (Freunde, Familie, Bekannte) des Opfers grundlegend und oft erfolgsversprechend. Aber nicht nur über eine solche unmittelbare Bezüglichkeit lassen sich wichtige Informationen gewinnen; zumal wird eine operative Fallanalyse erst dann durchgeführt, wenn Beziehungsverhältnisse zwischen Opfer und dem unbekannten Täter bereits untersucht wurden und zu keinem Ergebnis geführt haben. Die Verfasstheit des Opfers, das Aussehen, Alter, Laufwege, soziale Einbindung u.a. sowie eine daraus extrapolierte Opfertypologie (zumal bei vermuteten Serientätern) können die Ermittler näher an den Täter bringen. Gewisse Täter suchen sich nämlich spezielle Opfer. So kann der Ort, die Zeit, aber auch die gesellschaftliche und individuelle Kodierung (Zusammenspiel von Aussehen, Kleidung, Bewegungen, Haarfarbe usw.) eines Opfers aus der Perspektive eines Täters Ausschlag für die Tat sein. Denn der Körper ist nicht nur biologisch, sondern auch kulturell und gesellschaftlich entworfen bzw. zeichenhaft belegt und kann je nach Ausgestaltung nicht nur etwas über den sozialen Status des Opfers, sondern auch über sein Selbstverständnis aussagen. Werden z.B. die durch die Gesellschaft stereotypisierten Formen von Männlichkeit (Beschützer, breite Schultern, muskulös) oder Weiblichkeit (entsprechende Körperbetonung, 'Hilflosigkeit', Muttertyp) unterstrichen oder darauf gar keinen Wert gelegt? Das ließe sich entsprechend weiter auseinanderdividieren. Im Rahmen 'normaler' Ermittlungen ist ein tiefergehendes Eintauchen in diese Bereich oft nicht nötig, da andere Spuren bereits deutlichere Aussagen zum Tathergang und Täter machen können. Im Rahmen eines ermittlungsökonomischen Vorgehens ist daher mit Spuren, die ggf. erst in zweiter oder dritter Ableitung zum Tragen kommen, noch nicht zwingend zu arbeiten. Erst wenn die Ermittlungen nicht voranschreiten oder die entworfenen Geschichten zum Tathergang und Täter zu unstimmig werden, treten sie hervor und müssen erneut in den Blick genommen werden. Und dazu gehört u.a. auch eine intensivere Auseinandersetzung mit dem Opfer. Wenn von Opfer und Opfertypologie gesprochen wird, muss ergänzend auf einen Umstand hingewiesen werden: Es geht der Viktimologie sowie den sich dem Opfer zuwendenden Ermittlern nicht darum, diesem eine wie auch immer geartete *Mitschuld* an der Tat zuzuweisen. Wenn es darum geht, zu erkennen, was ein Opfer im Rahmen des Tatherganges getan (oder nicht getan) hat, dann geschieht das in viktimologischer Perspektive nur um die Analyse.

Am Ende stehen dort ggf. Präventionsmöglichkeiten oder aus kriminalistischer Perspektive, eine Spur zum Täter. Das sog. *blame the victim*, also die erneute Viktimisierung des Opfers durch eine bewusste oder unbewusste Unterstellung einer Mitschuld an der Tat, liegt weder der einen noch der anderen Perspektive zugrunde. Die Sichtweise einer Mitverantwortlichkeit des Opfers an einer Tat hat sich hin zu einer Hilfe und Prävention für (potentielle) Opfer gewandelt. Aber auch aus einer anderen Sichtweise kann man einen Mord bzw. einen Serienmord als eine Erzählung auffassen, die für den Täter als ein sinnlicher und sinnstiftender Akt aufgefasst werden kann. „Der Zugang zu ihren Erzählungen führt über das Entziffern der Körper ihrer Opfer. Die Geschichten spielen sich auf rein physischer Ebene ab, und sie offenbaren sich dem Beobachter nicht als in sich geschlossene Handlungen, sondern als Ansammlungen von Fragmenten und 'losen Handlungssträngen', die erst zusammengefügt werden müssen."[120] Diese Perspektive legt den Fokus auf den Körper des Opfers und die im Vollzug der Tat an ihm ausgeführten Handlungen und fasst ihn als ein vom Täter etabliertes semiotisches Konstrukt auf, das ihm *Bedeutung* ist. Aber er hinterlässt Spuren – nicht nur am Tatort – am Opfer und zwar durch die Art der Tötung, der Zurichtung oder der Positionierung des Körpers. Vielleicht versucht er sogar, diesen Teil der Geschichte zu referenzieren, z.B. durch die Mitnahme von Körperteilen des Opfers, Kleidungsstücken oder anderen Objekten, die ihm die Möglichkeit verschaffen, sich die begangene Tat erneut zu vergegenwärtigen. Und die Entdeckung eines Tatortes und Opfers lässt eine Nacherzählung durch die Ermittler beginnen. Die Spuren am Opfer sowie auch andere hinterlassene Zeichen sind Stellvertreter „des Täters, die ihn repräsentieren und 'Zeichen' seiner individuellen Geschichte sind."[121]
Nun ist es für die Ermittlungen nicht grundsätzlich von erster Bedeutung, welche Formen des Erzählens ein Täter gewählt hat. Im Rahmen der Spurenermittlung, ggf. der Sichtbarmachung von fin-

gierten Spuren, jenen, die von echten Spuren, die zum Täter führen ablenken wollen, und Trugspuren, 'Spuren', die vorher schon da waren und in keinem Zusammenhang zur Tat stehen, und der Engführung auf den Tathergang, kann bereits viel vom Profil des Täters enthüllt werden. Dennoch gehören die zuvor angesprochenen Aspekte – auch wenn sie eine überschaubare Auftauchwahrscheinlichkeit, nämlich den Serienmord, besitzen – zum semiotischen Vieleck eines Tatortes. Jeder Tatort ist eingebettet in einen raumzeitlichen, aber auch in einen sozio-semiotischen Kontext. Wann ist die Tat passiert und wo, war es eine 'gute' Wohngegend oder ein versteckter Ort, was war die Tatwaffe? Ein Messer, ein Hammer, eine Schusswaffe oder ein Schraubenzieher? Wer und wie war das Opfer? Kann man (z.B. durch Angehörigenbefragung) davon ausgehen, dass es sich eher gewehrt hat oder war es tendenziell vertrauenswürdig? Was kann man für Interaktionsmöglichkeiten zwischen Opfer und Täter ausmachen bzw. wie ist ein Kontakt zustande gekommen? Lässt sich vermuten, dass der Beginn (Ort) der Ereignisfolge auch der Tatort war oder gibt es Anhaltspunkte, die eine Bewegung beider – Täter und Opfer – vermuten lassen? Wenn es um Kinder geht, wird dieser Aspekt ergänzt um zu vermutendes lebensweltliches Hintergrundwissen von Kindern z.B., welche Sammelkarten derzeit aktuell sind, die wiederum als Lockmittel eingesetzt sein können usw.

Folgt man solchen Fragen und eruiert auf Basis der objektiven Befunde und Spurenlage Hypothesen, verdichten sich diese zunehmend zu einem Netz aus Bedeutung. Und hier sind *externe* – also außerhalb der Tatbeziehung von Täter und Opfer liegende – Ereignisse noch gar nicht berücksichtigt. Denn jede Bewegung im öffentlichen Raum greift gewollt oder ungewollt nach einem Rezipienten; einem Nachbarn, Passanten, nach zufällig vorbeikommenden Spaziergängern oder nach Überwachungskameras an öffentlichen Gebäuden und Tankstellen usw. Das wiederum sind zwar noch keine Spuren, aber Handlungsoptionen, die die Wahrscheinlichkeit erhöhen *bedeutende* Zeichen zu erhalten: ein Hinweis auf ein Auto, eine unbekannte Person in einer Wohnsiedlung oder Geräusche, die erst später mit der Tat in Verbindung gebracht werden, die aber ggf. einen Zeitpunkt für eine Tathandlung ausweisen können. Bei diesen Punkten handelt es sich also um Zeichen, die vorhanden, aber den Ermittlern nicht unmittelbar zugänglich sind bzw. waren. Die Befragung vor Ort nutzt also die Möglichkeit Nachbarn, Passanten oder in der Nähe befindliche Menschen als *Aufzeichnungsgeräte* zu rekonstruieren, um so auch flüchtige Zeichen (alle Zeichen, die den unmittelbaren Raum- und Zeitstempel tragen) erfassen zu können. Es wäre zu fragen, ob solche Wahrnehmungen von Zeugen – unabhängig davon, dass Zeugenaussagen immer eine mehr oder weniger große Unschärfe in sich tragen – Spuren sind. Wenn man sich die aus dem 2. Kapitel hinzugezogene Definition bzw. Eigenschaft von Spuren vergegenwärtigt, dass ihre Zeitlichkeit die der Vergangenheit ist, dann ist die Wahrnehmung eines Zeugen auch in der Vergangenheit liegend und die Zeit ist weiter vorangeschritten. Zum Zeitpunkt der Wahrnehmung jedoch war es keine Spur, sondern eine unmittelbare Bezüglichkeit und Wahrnehmung desjenigen, den man nun sucht. Es wären dann entsprechend – um mit der Phänomenologie Edmund Husserls zu sprechen – Impression, Retention und Reproduktion.

(Serien-)Täter – gerade bei schweren Gewaltverbrechen – besitzen nicht selten die Fähigkeit, sich sozial unauffällig und unscheinbar zu verhalten. Sie beherrschen die soziale Mimikry auf verschiedene Weise. Sie passen sich ihrem Umfeld an und sind in der Lage das soziale Miteinander in Gemeinschaften und Gesellschaften zu *imitieren*. Oder es sind soziale *Camoufleure*, also Menschen, die sich den Blicken anderer entziehen, sich möglichst unauffällig verhalten und Gemeinschaften und Gesellschaften meiden. Dieses Verhalten wiederum ist gesellschaftlich nicht ungewöhnlich, sondern in einer individualisierten Gesellschaft, in

großen Städten und Wohnsiedlungen, die ein Maß von Anonymität bieten, nicht selten anzutreffen. Hintergrund für die Reduktion sozialer Kontakte auf ein Minimum ist es, gewisse Verhaltensauffälligkeiten nicht sichtbar werden zu lassen.
Verbleiben wir am Tatort, dann können die dort vorhandenen Spuren zu einer Art und Weise der Begehungsweise der Tat, der Verschleierung der Tat – und damit der Identität des Täters – und sogar der Flucht, also der Entfernung vom Tatort, zusammengefügt werden: Dieser sogenannte *modus operandi* kann sich von Tat zu Tat verändern und muss nicht immer gleich ablaufen. Davon zu unterscheiden ist die *Handschrift* eines Täters. Damit sind u.a. alle Handlungen gemeint, die nicht zwingend für die Durchführung gewisser Tathandlungen nötig, also in gewisser Hinsicht 'überflüssig' waren. Eine Fesselung kann z.B. für einen Täter bei der Durchführung einer Tat ein 'normaler' Vorgang sein. Eine *kunstvolle* Verschnürung und Fesselung, die die reine Funktionalität übersteigt, zeigt einen Bedeutungsüberschuss, der dem Täter *eindeutig* zugeordnet werden kann. Dieser Bedeutungsüberschuss kann als Verhaltensfingerabdruck verstanden werden, da er etwas über die individuelle Verfasstheit des Täters aussagt. Während man dem modus operandi als der Situation anpassbar und veränderbar ansieht, gilt die Handschrift als konstanterer Handlungsmodus. Eine Handschrift lässt sich genau genommen erst bei einer Serientat und dann in redundanten und wiederkehrenden Handlungen feststellen. Modus operandi und die Handschrift sind nicht immer eindeutig zu trennen. Man könnte sagen, dass der modus operandi von einem, den Umständen der Tat ausgehenden, Idealtypus ausgeht. Wird der Idealtypus in signifikanter Weise verlassen, wird daraus eine Handschrift. Wann wird aus der Art der Fesselung eine *Handschrift*? Wie *besonders* muss die Fesselung sein, um sie nicht mehr als der Tatsituation angemessen zu verstehen, sondern als eine *eigenartige* Form des Fesselns, in der sich ein besonderer *Link* auf die Verfasstheit des Täters entdecken

lässt? Umgekehrt lassen sich die Frage und der darin innewohnende Zweifel an solch einer Konzeptionalisierung in der praktischen Deutung der Tatspuren auflösen. Denn die Einteilung in *modus operandi* und *Handschrift* eines Täters steht am Ende des hermeneutischen Ausdeutens der Spuren und kann dann Teil des Täterprofils werden. In diesem Zusammenhang steht der (eigentlich vorgelagerte) Begriff und die These der doppelten *Perseveranz*. Einfach übersetzt meint Perseveranz eine gewisse Ausdauer und Beharrlichkeit. In kriminologisch-kriminalistischer Hinsicht meint die doppelte Perseveranz das Beibehalten des Deliktbereiches eines Täters und auch die gängige Tatdurchführung (modus operandi). Die Hypothese unterstellt, dass ein Täter, der z.B. im Bereich Einbruch aktiv ist, auch im weiten Sinne daran festhalten wird und zudem die entsprechende Tatausführung, die sich als erfolgreich bewährt hat, auch weiterhin durchführen wird. Theoretischer Hintergrund ist hier die *rational choice theory*, die handelnden Subjekten ein rationales Verhalten zuschreibt bzw. unterstellt und die Subjekte entsprechend nach dem Grundsatz der Nutzenmaximierung bestimmt. Dieser Grundsatz ist zwar situativ variabel, aber im Kern – so die Sichtweise der Vertreter des *rational choice* – gültig. Vor diesem Hintergrund bleibt ein Täter bei den Ausführungen, die für ihn in der Vergangenheit den größtmöglichen Nutzen (und das können unterschiedliche Aspekte sein) gebracht hat. Hat sich ein Tatwerkzeug z.B. bei einem Einbruch bewährt, wird der Täter bei einem weiteren Einbruch mit hoher Wahrscheinlichkeit erneut zu dem entsprechenden Tatwerkzeug greifen und dadurch eine Fehlerminimierung und einen wiederholbaren reibungslosen Ablauf der Tat bezwecken. Gleiches gilt dann für die Zielauswahl, den Ort usw. Damit werden die Taten (natürlich in durchaus möglichen kleineren Variationen, die durch das Lernen und die Erfahrung bei den Taten hervorgerufen werden können) nach einem Muster oder einer gewissen Form begangen, die rekonstruiert und dann ggf. anderen Taten zugeordnet werden kann. Die Perseveranzhypothese hat eine lange Tradition, sie wirkte *einleuchtend*, so dass sie zu einem kriminalistischen Inventar wurde und auch heute noch, in abgeschwächter und abgewandelter Form, als gültig angesehen wird. Nach heutigen wissenschaftlichen Erkenntnissen,[122] die sich ab der Mitte der 1970er Jahre ausbildeten, kann man nicht mehr unkritisch von einer doppelten Perseveranz ausgehen, auch wenn „uns einige in der jüngeren Vergangenheit verübte Serienmorde [lehren], dass sie noch immer zu beobachten ist: die Gleichförmigkeit in der Tatbegehungsweise, die unübersehbaren Übereinstimmungen, die mehrere Einzelfälle als Verbrechensserie erst erkennbar machen."[123] Dennoch muss ein höheres Maß an Varianz bei einem Serientäter unterstellt werden, da er von Tat zu Tat lernen und seine Fähigkeiten 'schulen' kann. Dieses Lernen kann sich auf alle Handlungen beziehen, die mit der Tat in Verbindung stehen: die Auswahl des Opfers oder des Objektes, das Einschüchtern oder Überwältigen, die entsprechende Flucht vom Tatort oder entsprechende Tarnhandlungen. Aber durch die angesprochene Ausdeutung des Spurenmaterials und der Sichtbarmachung objektiver Bedeutungsstrukturen, durch die Verknüpfungen von Zeichen und Spuren, lässt sich in gewisser Hinsicht (idealerweise) *durch* diese oberflächlichen Variationen schauen und dann die dahinterliegenden Strukturen des Täters sichtbar machen. Es ist schlussendlich ein Netz aus Zeichen und Bedeutung, das von den Fallanalysten gesponnen werden muss, um die Taterzählung zu finden, die zum Täter führt und ihm eine Koordinate in diesem Netz aus Zeichen zuweisen kann. Diese Koordinate ist letztlich die Person des Täters.

5. Abschluss – Die Welt als Zeichen

Nicht nur auf den Alltagsmenschen strömen unerlässlich Zeichen ein, die betrachtet und bewertet werden müssen, sondern auch und gerade im Bereich der Kriminalistik im Allgemeinen und der Fallanalyse im Besonderen ist dies der Fall. Ihre Welt ist die der Tatorte, Tatabläufe, Opfer und (zunächst unbekannten) Täter. Von ihnen erhalten sie Zeichen, die auf andere Zeichen verweisen, die zu Spuren werden können und dann zu ganzen Erzählungen (z.B. Hypothesen zum Tatablauf) verwoben werden können. Das fallanalytische Profiling hat sich in kriminalistischer Hinsicht bewährt und muss es fortwährend weiter tun. Aber seine Funktionalität ist im Rahmen der Kriminalistik nicht unbemerkt geblieben, so dass es in weitere Deliktsfelder Anwendung finden konnte. (Serien-)Einbruch, Brandstiftung, Erpressung sind Felder, in denen sie dienlich sein kann. Aber noch wichtiger als dies sind die Transferleistungen der Fallanalysten durch zu haltende Weiterbildung bei der Polizei. So wird sichergestellt, dass das eruierte Wissen der Fallanalyse sukzessiv durchsickert und auch „normalen" Ermittlern zukommt. Das heißt nicht, dass diese alle nun zu Profilern werden, denn unabhängig von der methodischen und wissenschaftlichen Schulung und der Erfahrung, ist die Besonderheit der Fallanalyse die zeitliche Hinwendung zu einem Fall, der durch die Kriminalisten vor Ort allein aus strukturellen Gründen nicht gewährleistet werden kann. Aber solche Transferschulungen führen im Idealfall zu einer weiteren Professionalisierung des polizeilichen Handelns.

Das Besondere an der Fallanalyse ist ihre – dem Wesen ihrer Aufgabe nach – besondere Zielführung und -ausrichtung, die durch eine wissenschaftliche Methodenführung unterstützt wird. Aber eine exakte Methodenführung allein, so wichtig und grundlegend sie auch sein mag, reicht nicht aus, um eine kriminalistische Fallanalyse durchzuführen. Da im Alltag unsere Zielführung meist nicht so eng geführt wird wie dort und man in der Regel auch nicht mit wissenschaftlichen Methoden z.B. ein Partygespräch oder eine Prüfungssituation analysiert, bleibt die alltägliche Profilierung meist einfach und situativ. Im Rahmen der kriminalistischen Fallanalyse kommt – neben der wissenschaftlichen Methodenführung – noch ein weiterer Punkt hinzu, der von grundlegender Wichtigkeit ist und aus ihr erst mehr macht als Datenbankabgleiche, algorithmische Abarbeitungen vorhandener Informationen. Es ist eine *Haltung*, die es einzunehmen gilt und die sich in der Offenheit und dem Willen zur Entdeckung des Unbekannten und Neuen ausdrückt. So wie die Hermeneutik ist das Profilieren dann eine Kunstlehre, die nicht allein durch eine reine Vermittlung von Fertigkeiten erlernt werden kann, sondern durch ein unbestimmtes *Mehr* gekennzeichnet ist: Nenne man es Haltung oder Verfasstheit. Meist wird auf die Anwendung verwiesen: Erst im Rahmen der Anwendung des Profilierens (oder der hermeneutischen Analyse) und des Übens gelingt es richtig, stellt sich immer öfter die Haltung ein, die notwendig ist. Im Rahmen der Operativen Fallanalyse wird dies (zusätzlich zur Einübung) durch den Einsatz verschiedener heuristischer und kreativitätsfördernder Methoden erreicht. Und es ist diese Haltung, die man im Alltag einnehmen kann, um die Zeichen, die unaufhörlich auf den Menschen einströmen, zu prozessieren und die Bedeutung dahinter zu erkennen. Es ist eine Haltung, die man einüben kann, z.B. indem man Altbekanntes in neue Formationen bringt: Man kann sich z.B. fragen, was eigentlich *Information* bedeutet, und man im Bergriff selbst die erste Spur erkennen. Es ist das *In-Formationbringen*. Etwas wird formiert, in eine Form gebracht. Was wird in Form gebracht? Daten können in Formation gebracht werden. Wie und warum und durch wen werden sie in Formation gebracht? Gibt es eigentlich Uninformiertes? Zugegeben, die hier beispielhaft ausgebreiteten Fragen stammen aus dem Interesse des Autors und sind daher wissenschaftlich und philosophisch durchwirkt. Aber auch mit Gesten, Alltagsroutinen und -handlungen, Werbung, alltäglichen Situationen usw. lässt sich dies bewerkstelligen. Zeichen verweisen auf andere Zeichen und tun dies in einem letztlich nie endenden Prozess. Aber man kann die Verweise, die die Zeichen erhalten und die nicht natur- oder gottgegeben sind, verfolgen, kann das Netz, welches sie weben und aus dem heraus Bedeutung entsteht, aufspüren, verfolgen und befragen. Den Sinn, den man mit diesem Tun im Alltag verbinden kann, bleibt jedem offen: Man kann es als *Spiel* betreiben (Unterhaltung) oder um sich beruflich besser positionieren zu können (Ökonomie); man kann es tun, um sich selbst und andere besser zu verstehen (Emanzipation) – wobei nicht gesagt ist, dass es wirklich *funktioniert* – oder um Gesellschaftskritik zu betreiben (Aufklärung).

In jeder Weise kann es helfen, die zeichenhaften Formatierungen des Alltags zu erkennen. Ob man sie unterstützt oder sich veränderungsbereit gegen sie auflehnt, liegt dann in der Bewertung jedes Einzelnen.

Literaturverzeichnis

Aster, Reiner: Vorwort. In: Gesellschaft für soziale Unternehmensberatung (Hrsg.) (2003), S. 6-12
Augustinus (1998): Über den Lehrer – De magistro. Reclam, Ditzingen
Barthes, Roland (2003): Mythen des Alltags. Suhrkamp, Frankfurt/Main
Bernard Andreas: Leserreporter. In Süddeutsche Zeitung, Heft 40 (2006)
Bidlo, Oliver: Verbotene Pfade nach Mittelerde? In: Hither Shore 2004, S. 25-35
Bidlo, Oliver (2006): Martin Buber. Ein vergessener Klassiker der Kommunikationswissenschaft? Dialogphilosophie in kommunikationswissenschaftlicher Perspektive. Tectum Verlag, Marburg
Bidlo, Oliver (2008): Vilém Flusser. Einführung. Oldib Verlag, Essen
Bidlo, Oliver (2009): Rastlose Zeiten. Die Beschleunigung des Alltags. Oldib Verlag, Essen
Bidlo, Oliver (2010): Tattoo. Die Einschreibung des Anderen. Oldib Verlag, Essen
Bidlo, Oliver: Kreativität, Abduktion und das Neue. Überlegungen zu Peirce's Konzeption des Neuen. In: Schröer, Norbert, Bidlo, Oliver (Hrsg.) (2011), S. 45-53
Bidlo, Oliver: 1414 – Ins Panoptikum der elektronischen Bilder oder: Das Bild hat immer recht. In: Zurawski, Nils (Hrsg.) (2011), S. 35-46
Bidlo, Oliver, Englert, Carina, Reichertz, Jo (Hrsg.) (2011): Securitainment. Die Medien als eigenständige Akteure. VS Verlag für Sozialwissenschaft, Wiesbaden
Bühler, Axel (Hrsg.) (2003): Hermeneutik. Basistexte zur Einführung in die wissenschaftstheoretischen Grundlagen von Verstehen und Interpretation. Synchron Verlag, Heidelberg
Bundeskriminalamt (Hrsg.) (2009): Die Operative Fallanalyse in der Hauptverhandlung. Ergebnisse eines BKA-Kolloquiums. Luchterhand/ Wolters Kluwer, Köln
Cassirer, Ernst (1990): Versuch über den Menschen. Einführung in eine Philosophie der Kultur. Meiner Verlag, Hamburg
Dern, Harald: Erfahrungen mit der objektiven Hermeneutik innerhalb der Anwendung qualifizierter kriminalistischer Auswertungsverfahren. In: Reichertz, Jo, Schröer, Norbert (Hrsg.) (1996), S. 263-

Dern, Harald: Die Operative Fallanalyse und ihre Methodik. In: Bundeskriminalamt (Hrsg.) (2009): Die Operative Fallanalyse in der Hauptverhandlung. S. 18-30

Dern, Harald: Heuristische Grundlagen der Fallanalyse. In: Forensische Psychiatrie, Psychologie, Kriminologie Volume 4, Number 2 / May 2010, S. 98-106

Dern, Harald, Dern Christa (2011): Kontingenz in der Fallanalyse. Über den Umgang mit unsicherem Wissen in der Polizeipraxis. In: Schröer, Norbert, Bidlo, Oliver (Hrsg.) (2011), S. 201-215

Dern, Harald, Frönd, Roland, Straub, Ursula et. al. (2004): Geografisches Verhalten fremder Täter bei sexuellen Gewaltdelikten. Ein Projekt zur Optimierung der Einschätzung des geografischen Tatverhaltens im Rahmen der Erstellung eines Täterprofils bei operativen Fallanalysen. Bundeskriminalamt, Wiesbaden

Deutsches Wörterbuch von Jacob und Wilhelm Grimm. 16 Bde. in 32 Teilbänden. Leipzig 1854-1961. Quellenverzeichnis Leipzig 1971. Unter: http://www.dwb.uni-trier.de/ [15.08.2011]

Dirks, Mathias: Entwicklung der Fallanalyse und deren Anwendungsgebiete. In: Steffes-enn, Rita (Hrsg.) (2010), S. 43-60

Durkheim, Emile (1995): Die Regeln der soziologischen Methode. Suhrkamp, Frankfurt/Main

Elias, Norbert (1993): Was ist Soziologie. Juventa Verlag, Weinheim, München

Engelmann, Peter (Hrsg.) (1999): Postmoderne und Dekonstruktion. Texte französischer Philosophen der Gegenwart. Reclam, Stuttgart

Finke, Frank-Peter (1996): Tätowierungen in modernen Gesellschaften. Ihre sozialen Funktionen und Bedeutungen. Rasch, Osnabrück

Flusser, Vilém (1969): Auf der Suche nach Bedeutung. Unter: http://www.equivalence.com/labor/lab_vf_autobio.shtml, Zugriff [15.08.2011]

Flusser, Vilém (2000): Die Informationsgesellschaft: Phantom oder Realität? In: Matejovski, Dirk (Hrsg.) (2000), S. 11-18

Fornet-Ponse, Thomas, Bülles, Marcel, et.al. (Hrsg.) (2004): Hither Shore. Interdisciplinary Journal on Modern Fantasy Literature, Jahrbuch der Deutschen Tolkien Gesellschaft. Tolkien und seine Deutungen. Scriptorium Oxoniae, Düsseldorf

Foucault, Michel (2008): Hauptwerke. Suhrkamp, Frankfurt/Main

Gesellschaft für soziale Unternehmensberatung (Hrsg.) (2003): Profiling.

Neue Eingliederungsstrategien in der Arbeitsvermittlung. Beiträge aus Theorie und Praxis. Gesellschaft für soziale Unternehmensberatung mbH, Berlin

Grabbe, Lars, Kurse, Patrick: Roland Barthes: Zeichen, Kommunikation und Mythos. In: Hepp, Andreas, Krotz, Friedrich, Thomas, Tanja (Hrsg.) (2009), S. 21-30

Grote, Ralf-Peter: Profiler in Theorie und Praxis. In: Gesellschaft für soziale Unternehmensberatung (Hrsg.) (2003), S. 80-84

Gugutzer, Robert (2004): Soziologie des Körpers. Transcript, Bielefeld

Haag, Klaus (1997): Zeichen, ästhetisches Zeichen. Ein kritischer Beitrag zur Semiotik, Ästhetik und Interpretationstheorie. Königshausen & Neumann, Würzburg

Habort, Stephan: Aufdeckungsbarrieren bei Serienmorden. In: Die Kriminalpolizei. Ausgabe 03/2007, S. 84-89

Hepp, Andreas, Krotz, Friedrich, Thomas, Tanja (Hrsg.) (2009): Schlüsselwerke der Cultural Studies. VS Verlag, Wiesbaden

Hitzler, Ronald (2002): Sinnrekonstruktion. Zum Stand der Diskussion (in) der deutschsprachigen interpretativen Soziologie [35 Absätze]. Forum Qualitative Sozialforschung / Forum: Qualitative Social Research, 3(2), Art. 7, unter http://www.qualitative-research.net/index.php/fqs/article/view/867/1884 [15.08.2011]

Hoffmann, Jens: Auf der Suche nach der Struktur des Verbrechens. Theorien des Profilings. In: Musolff, Cornelia, Hoffmann, Jens (Hrsg.) (2006), S. 65-87

Hoffmann, Jens, Musolff, Cornelia (2000): Fallanalyse und Täterprofil. Geschichte, Methoden und Erkenntnisse einer jungen Disziplin. Bundeskriminalamt, Wiesbaden

Holzhauer, Hedda (2009): Polizeiliche Wunderwaffe „Profiler" - ein Mythos? In: Die Kriminalpolizei. Zeitschrift der Gewerkschaft der Polizei. 3/2009, S. 4-9

Hülser, KarlHeinz: Zeichenkonzeptionen in der Philosophie der griechischen und römischen Antike. In: Posner, Roland, Robering, Klaus, Sebeok, Thomas A. (Hrsg.) (1997), S. 837-860

Jung, Thomas, Müller-Dohm, Stefan (Hrsg.) (1993): „Wirklichkeit" im Deutungsprozess. Verstehen und Methoden in den Kultur- und Sozialwissenschaften. Suhrkamp, Frankfurt/Main

Kampen, Martin, Oehler, Klaus, Posner, Roland et.a. (Hrsg.) (1981): Die Welt als Zeichen. Klassiker der modernen Semiotik. Quadriga/Severin und Siedler, Berlin

Keller, Rudi (1995): Zeichentheorie. Zu einer Theorie semiotischen Wissens. UTB, Stuttgart
Kersten, Ulrich: Vorwort. In: Hoffmann, Jens, Musolff, Cornelia (2000), S. 5-6
Krämer, Sybille: Was also ist eine Spur? Und worin besteht ihre epistemologische Rolle? Eine Bestandsaufnahme. In: Dieslb., Grube, Gernot, Kogge, Werner (Hrsg.) (2007), S. 11-33
Krämer, Sybille, Grube, Gernot, Kogge, Werner (Hrsg.) (2007): Spur. Spurenlesen als Orientierungstechnik und Wissenskunst. Suhrkamp Verlag, Frankfurt/Main
Kraimer, Klaus (Hrsg.) (2000): Die Fallrekonstruktion. Sinnverstehen in der sozialwissenschaftlichen Forschung. Suhrkamp, Frankfurt/Main
Levine, Robert (2008): Eine Landkarte der Zeit. Wie Kulturen mit Zeit umgehen. Piper, München
Marotzki, Winfried, Niesyto, Horst (Hrsg.) (2006): Bildinterpretation und Bildverstehen. Methodische Ansätze aus sozialwissenschaftlicher, kunst- und medienpädagogischer Perspektive. VS Verlag, Wiesbaden
Matejovski, Dirk (Hrsg.) (2000): Neue, schöne Welt? Lebensformen der Informationsgesellschaft. Campus Verlag, Frankfurt/Main, New York
Mead, George H. (1993): Geist, Identität und Gesellschaft. Suhrkamp, Frankfurt/Main
Mohr, Michaela, Schimpel, Franz Schröer, Norbert (2006): Die Beschuldigtenvernehmung. Hagen, Lehrbrief
Mokros, Andreas, Schinke, Dirk: Geografische Fallanalyse. In: Musolff, Cornelia, Hoffmann, Michael (Hrsg.) (2006), S. 207-237
Musolff, Cornelia: Tausend Spuren und ihre Erzählung. Hermeneutische Verfahren in der Verbrechensbekämpfung. In: Dieslb., Hoffmann, Jens (Hrsg.) (2006), S. 107-127
Musolff, Cornelia, Hoffmann, Michael (Hrsg.) (2006): Täterprofile bei Gewaltverbrechen: Mythos, Theorie und forensische Anwendung des Profilings. 2. überarb. und erw. Auflage, Springer, Berlin
Oehler, Klaus: Idee und Grundriß der Peirceschen Semiotik. In: Kampen, Martin et. al. (Hrsg.) (1981), S. 15-49
Oevermann, Ulrich: Die objektive Hermeneutik als unverzichtbare methodologische Grundlage für die Anayse von Subjektivität. In: Jung, Thomas, Müller-Dohm, Stefan (Hrsg.) (1993), S. 106-198

Oevermann, Ulrich: Die Methode der Fallrekonstruktion in der Grundlagenforschung sowie der klinischen und pädagogischen Praxis. In: Kraimer, Klaus (Hrsg.) (2000), S. 58-156

Oevermann, Ulrich, Schuster, Leo, Simm, Andreas (Hrsg.) (1985): Zum Problem der Perseveranz in Delikttyp und modus operandi. BKA-Forschungsreihe, Bd 17, BKA, Wiesbaden

Peirce, Charles S. (1931-34) Collected Papers of Charles Sanders Peirce. Vol. 1-6, Harvard University Press, Cambridge, London

Pfefferli, Peter, Germann, Ursula, Holder, Manfred u.a. (Hrsg.) (2007): Die Spur. Ratgeber für die spurenkundliche Praxis. 5. überarbeitete Auflage. Kriminalistik, Verlagsgruppe Hüthig, Heidelberg, München

Plessner, Helmuth (2003): Conditio humana. Gesammelte Schriften in zehn Bänden. Band VIII. Suhrkamp. Frankfurt/Main

Posner, Roland, Robering, Klaus, Sebeok, Albert (Hrsg.) (1997/2003): Semiotik: Ein Handbuch zu den zeichentheoretischen Grundlagen von Natur und Kultur. Band 3, Walter de Gruyter, Berlin, New York

Reichertz, Jo (1986): Probleme qualitativer Sozialforschung. Zur Entwicklungsgeschichte der Objektiven Hermeneutik. Campus, Frankfurt/Main, New York

Reichertz, Jo (1991): Aufklärungsarbeit. Kriminalpolizisten und Feldforscher bei der Arbeit. Enke, Stuttgart

Reichertz, Jo: Spurenlese oder Konstruktion? – Über die Lesbarkeit von Tatspuren. In: Reichertz, Jo, Schröer, Norbert (Hrsg) (1996), S 12-34

Reichertz, Jo: 'Meine Mutter war eine Holmes'. Über Mythenbildung und die tägliche Arbeit der Crime Profiler. In: Musolff, Cornelia, Hoffmann, Jens (Hrsg.) (2006), S. 27-50

Reichertz, Jo, Schröer, Norbert (Hrsg) (1996): Qualitäten polizeilichen Handelns. Westdeutscher Verlag, Opladen

Reichertz, Jo, Schröer, Norbert (Hrsg.) (2003): Hermeneutische Polizeiforschung. Leske + Budrich, Opladen

Schmincke, Imke (2009): Gefährliche Körper an gefährlichen Orten. Eine Studie zum Verhältnis von Körper, Raum und Marginalisierung. Transcript, Bielefeld

Scholz, Oliver R.: Semiotik und Hermeneutik. In: Posner, Roland, Robering, Klaus, Sebeok, Albert (Hrsg.) (2003), S. 2511-2561

Schröer, Norbert, Bidlo, Oliver (Hrsg.) (2011): Die Entdeckung des Neuen. Qualitative Sozialforschung als Hermeneutische Wissenssoziologie. VS Verlag, Wiesbaden

Searle, John (2004): Freiheit und Neurobiologie. Suhrkamp Verlag, Frankfurt/Main

Steffes-enn, Rita (Hrsg.) (2010): Täter und Taten als Informationsquellen. Anamnese und Fallarbeit. Verlag für Polizeiwissenschaft, Frankfurt/Main

Stegmaier, Werner: Anhaltspunkte. Spuren zur Orientierung. In: Krämer, Sybille, Grube, Gernot, Kogge, Werner (Hrsg.) (2007), 82-94

Steiner, Ulf (2010): Kriminalistik/Kriminaltechnik. Skriptum 6. Kriminalistische Tatortarbeit. Fachhochschule der Polizei des Landes Brandenburg. Unter: http://gletschertraum.de/Lehrmaterialien/06-Angriff_Skriptum.pdf [15.08.11]

Thomas, Alexandra (2003): Der Täter als Erzähler. Serienmord als semiotisches Konstrukt. LIT Verlag, Münster

Vick, Jens, Dern, Harald (o.J.): „Wie kann ich Profiler werden. Bundeskriminalamt, Wiesbaden

Vick, Jens: Kriminalistisch-kriminologische Fallanalyse (KKF). In: Reichertz, Jo, Schröer, Norbert (Hrsg.) (1996), S. 325-338

Walder, Hans (2006): Kriminalistisches Denken. Kriminalistik Verlag, Heidelberg

Wernet, Andreas (2009): Einführung in die Interpretationstechnik der Objektiven Hermeneutik. VS Verlag, Wiesbaden

Zurawski, Nils (Hrsg.) (2011): Überwachungspraxen – Praktiken der Überwachung. Analysen zum Verhältnis von Alltag, Technik und Kontrolle. Budrich Unipress, Opladen

Anmerkungen

[1] Für einen Einblick in den (langen) Werdegang eines Profilers sei auf die Broschüre des BKA's hingewiesen. Vick, Jens, Dern, Harald (o.J.): „Wie kann ich Profiler werden". Bundeskriminalamt, Wiesbaden. Dass das hier vorliegende Buch nicht die Absicht hegt, zu einem polizeilichen Profiler auszubilden, schließt natürlich nicht aus, dass auch Kriminalisten es mit Gewinn lesen können.
[2] Zum Beispiel das Buch von Tanja Strobel „Ich weiß, wer du bist. Das Geheimnis, Gesichter zu lesen".
[3] Finke, Frank (1996): Tätowierungen in modernen Gesellschaften. S. 59
[4] Vgl. hierzu allgemein Bidlo, Oliver (2009): Rastlose Zeiten. Die Beschleunigung des Alltags. Zum kulturellen Umgang vgl. Levine, Robert (2008): Eine Landkarte der Zeit. Wie Kulturen mit Zeit umgehen.
[5] Allgemein hierzu Foucault, Michel (2008): Hauptwerke. Überwachen und Strafen.
[6] Vgl. Bidlo, Oliver (2010): Tattoo. Die Einschreibung des Anderen. S. 79
[7] Ich folge hier z. B. Schmincke, Imke (2009): Gefährliche Körper an gefährlichen Orten. S. 97
[8] Schmincke, Imke (2009), S. 97
[9] Vgl. Gugutzer, Robert (2004): Soziologie des Körpers. S 141
[10] Der einschränkende Hinweis auf den Alltag unterstellt, dass diese Haltung in der Wissenschaft grundsätzlich eingenommen wird bzw. eingenommen werden sollte.
[11] Ohne hier auf die erkenntnistheoretischen Probleme einzugehen, die sich mit der Frage nach Erfundenem oder Gefundenem auftuen, sei hinsichtlich der Entdeckung des Neuen aus wissenssoziologischer Perspektive auf Schröer, Norbert, Bidlo, Oliver (2011) hingewiesen.
[12] Dern, Harald, Dern, Christa: Kontingenz in der Fallanalyse. In Schröer, Norbert, Bidlo, Oliver (Hrsg.) (2011), S 202
[13] *Oberflächlich betrachtet* meint an dieser Stelle: Bei genauer Sicht sind die Beobachterperspektive und ihre konstituierende Bedeutung für Messergebnisse schon knapp 100 Jahre in der Physik bekannt. Die Erkenntnis, dass auch die Physik nicht unverfälscht auf die Welt schauen kann, wurde von der Physik und ihren Ergebnissen selbst eruiert, ist aber mitunter ein verschwiegenes 'Geheimnis'. In den meisten anderen Wissenschaftsdisziplinen, zumal wenn sie den Menschen, seine Handlungen, Gesellschaft oder Kultur behandeln, gehört diese Erkenntnis schon lange zum Common Sense.
[14] Die Willensfreiheit wird nicht von allen geteilt. Für eine Diskussion in Bezug zu Ergebnissen der Neurobiologie und der Willensfreiheit vgl. z.B. Searle, John (2004): Freiheit und Neurobiologie.

[15] Die Versicherung zahlt in der Regel bei einem Diebstahl nicht, wenn man den Wagen nicht abgeschlossen hat.
[16] Augustinus De dialectica. V, 7, 6-9, hier zitiert nach Hülser, KarlHeinz: Zeichenkonzeptionen in der Philosophie der griechischen und römischen Antike. In: Posner, Roland, Robering, Klaus, Sebeok, Thomas A. (Hrsg.) (1997), S. 847
[17] Natürlich ist auch die Abbildung eines Hundes ein (ikonisches) Zeichen und nicht das „Ding" an sich.
[18] Peirce zitiert nach der Gesamtausgabe, CP 2.228, 1897
[19] Das Gespräch, das Engelmann mit Derrida führte, wird von ihm zitiert in ders. (Hrsg.) (1999): Postmoderne und Dekonstruktion. S. 20-21
[20] Cassirer, Ernst (1990): Versuch über den Menschen. S. 49f.
[21] Oehler, Klaus: Idee und Grundriß der Peirceschen Semiotik. In: Kampen, Martin et. al. (Hrsg.) (1981), S. 27-28
[22] Grabbe, Lars, Kurse, Patrick: Roland Barthes: Zeichen, Kommunikation und Mythos. In: Hepp, Andreas u.a. (Hrsg.) (2009), S. 21
[23] Vgl. Barthes, Roland (2003): Mythen des Alltags. S. 85
[24] Barthes, Roland (2003), S. 87
[25] Barthes, Roland (2003), S. 92
[26] Vgl. allgemein Bühler, Axel (Hrsg.) (2003): Hermeneutik.
[27] Für eine ausführliche Auseinandersetzung und Darstellung vgl. Scholz, Oliver R.: Semiotik und Hermeneutik. In: Posner, Roland, Robering, Klaus, Sebeok, Albert (Hrsg.) (2003), S. 2511-2561
[28] Einen guten Einstieg, um mehr über den Aspekt der Spur in kulturwissenschaftlicher Hinsicht zu erfahren, bietet der von Sybille Krämer, Gernot Grube und Werner Kogge herausgegebene Band *Spur: Spurenlesen als Orientierungstechnik und Wissenskunst,* auf das sich die nachfolgenden Ausführungen zu einem Teil beziehen.
[29] Deutsches Wörterbuch von Jacob und Wilhelm Grimm. 16 Bde. in 32 Teilbänden. Leipzig 1854-1961. Quellenverzeichnis Leipzig 1971. Hier zum Begriff der Spur unter: http://dwb.uni-trier.de/Projekte/WBB2009/DWB/displayLinkInfo?lemid=GS37828 [15.08.11]
[30] Vgl. hierzu genauer: Krämer, Sybille: Was also ist eine Spur? In: Dies. (Hrsg.) (2007), S. 14ff.
[31] Krämer, Sybille: Was also ist eine Spur? In: Dies. (Hrsg.) (2007), S. 16
[32] Vgl. den Aufsatz von Musolff, Claudia: 1000 Spuren und eine Erzählung. In: Musolff, Cornelia, Hoffmann, Michael (Hrsg.) (2006): Täterprofile bei Gewaltverbrechen.
[33] Vgl. hierzu allgemein Pfefferli, Peter, Germann, Ursula, Holder, Manfred u.a. (Hrsg.) (2007): Die Spur.
[34] Pfefferli, Peter, Germann, Ursula, Holder, Manfred u.a. (Hrsg.) (2007), Vorwort.
[35] Reichertz, Jo: Spurenlesen oder Konstruktion? In: Reichertz, Jo, Schröer, Norbert (Hrsg.) (1996), S. 15
[36] Vgl. hierfür allgemein den Band Marotzki, Winfried, Niesyto, Horst (Hrsg.

(2006): Bildinterpretation und Bildverstehen.

[37] Unschwer lässt sich hier die dekonstruktivistische und postmoderne Sichtweise Derridas, Barthes' oder Foucaults erkennen. Aber auch Latours Verständnis, dass es etwas Unzusammenhängendes nicht gibt, steht in diesem Kontext.

[38] Allein die unterschiedlichen sprachlichen Voraussetzungen wären ein Problem. Und auch die Schwerpunktsetzung – denn jede Interpretation, die zielführend sein soll, kann nicht ganz offen sein, sondern muss schlussendlich Schwerpunkte setzen – würde sicherlich zu einem Problem führen.

[39] Eine schöne Kurzzusammenfassung findet sich unter http://krimlex.de/artikel.php?BUCHSTABE=B&KL_ID=40

[40] Das Foto zeigt einen der Eingänge zur Universität Duisburg-Essen (Standort Essen) bzw. den Platz davor. Der Eingang ist durch die Glasfassade, die zu einer Cafeteria gehört, mitgeprägt. Er ist auf dem Bild direkt nicht zu sehen und liegt neben der Cafeteria.

[41] Die folgenden Anmerkungen zur Identität stammen zu Teilen aus Bidlo, Oliver (2010), S. 41-48

[42] Mead, George H. (1993): Geist Identität und Gesellschaft. S. 225

[43] Flusser, Vilém (2000): Die Informationsgesellschaft: Phantom oder Realität? In: Matejovski, Dirk (Hrsg.) (2000) S. 17.

[44] Vgl. Bidlo, Oliver (2008): Vilém Flusser. S. 84

[45] Vgl. allgemein Plessner, Helmuth (2003): Conditio humana.

[46] Vgl. Arnold, Heinz Ludwig, Detering, Heinrich (Hrsg.) (2002), S. 11-12

[47] Vgl. hierzu Bidlo, Oliver (2004): Verbotene Pfade nach Mittelerde? In: Fornet-Ponse, Thomas, Bülles, Marcel (Hrsg.) (2004), S. 32 ff.

[48] Das Wohnzimmerbeispiel entstammt dem Buch von Rudi Keller *Zeichentheorie. Zu einer Theorie des semiotischen Wissens*. Die Darstellung hier folgt dem Beispiel Kellers nur bedingt, ist aber von diesem inspiriert. Kellers Buch bietet eine ausgezeichnete Einführung und Theorie zur Semiotik.

[49] Keller, Rudi (1995): Zeichentheorie. S. 12

[50] Keller, Rudi (1995), S. 12

[51] Vgl. wie erwähnt Keller (1995), hier besonders S. 17-21

[52] Interessant ist an diesem Beispiel noch etwas anderes. Zeugnisse oder Universitätstitel-Urkunden würden wir dort aufgehängt als überheblich und arrogant empfinden. Bei Pokalen oder Medaillen ist dieses Empfinden nicht so sehr ausgeprägt. Und üblich wird es dann, wenn der Raum nicht mehr ein privater ist, sondern als beruflicher Raum ausgewiesen ist. Z.B. ist es in Arztpraxen sogar häufig üblich, Urkunden, Weiterbildungsmaßnahmen etc. als solche auszuweisen und hervorzuheben. Warum aber, wirkt dies im privaten Raum anderes? Oder anders gefragt: Warum sollte ein Universitäts- oder Meisterabschluss im Handwerk, den man sich mit viel Herzblut und Arbeit erworben hat – und der somit zu einem wichtigen Teil der eigenen Persönlichkeit wird – sich nicht offen repräsentieren dürfen? Warum wird in unserer Kultur hier so strikt zwischen privatem und öffentlichem Raum unterschieden? Möglicherweise hat dies mit der Trennung von Beruf- und Privatleben zu tun; und dem entsprechenden Ab-

schluss wird nur eine berufliche Bedeutung zugemessen. Das wird. m. E. der heutzutage immer engeren Verflechtung und der enormen Bedeutung der beruflichen Tätigkeit für viele Menschen nicht gerecht. Man muss nicht nur Sportler, Künstler, Musiker oder Wissenschaftlicher anführen, denen der Beruf oftmals wesentlich mehr als nur Job, sondern in der Tat *Berufung* ist. Und wenn man bedenkt, dass z.b. im Mittelalter der Beruf ein – wenn nicht sogar der bestimmende – Teil der Persönlichkeit einer Person war, wird die heutige Diskrepanz zwischen privater und beruflicher Symbolisierung und Repräsentation deutlicher.

[53] Keller, Rudi (1995), S. 19
[54] Aster, Reiner: Vorwort. In: Gesellschaft für soziale Unternehmensberatung (Hrsg.) (2003), S. 6
[55] Vgl. Grote, Ralf-Peter: Profiler in Theorie und Praxis. In: In: Gesellschaft für soziale Unternehmensberatung (Hrsg.) (2003), S. 80
[56] Ebd. S. 80
[57] http://www.arbeitsagentur.de/nn_27326/Navigation/zentral/Unternehmen/Arbeitskraeftebedarf/Vermittlung/Vermittlung-Nav.html#d1.5 [15.08.11]
[58] Vgl. hierzu http://www.gpi-projekte-innovation.de/HTML/4-2.html und die dort zu findende Profiling-Plus Broschüre [15.08.11]
[59] Ebd. S. 4
[60] Vgl. die Broschüre „Profiling" unter http://bildungspolitik.verdi.de/berufsbildung/komnetz/themen/profiling_und_coaching [15.08.11]
[61] Ebd. S. 1
[62] Vgl. hierzu ausführlich Bidlo, Oliver: 1414 – Ins elektronische Panoptikum der sozialen Kontrolle oder: Das Bild hat immer recht. In: Zurawski, Nils (Hrsg., 2011), S. 35-46
[63] Vgl. die entsprechenden Unterseiten auf www.bild.de
[64] Vgl. Bernard, Andreas: Leserreporter. In Süddeutsche Zeitung, Heft 40 (2006)
[65] Bernard, Andreas: Leserreporter. In Süddeutsche Zeitung, Heft 40 (2006)
[66] Foucault, Michel (2008): Die Hauptwerke. S. 913
[67] Vgl. Durkheim, Emile (1995): Die Regeln der soziologischen Methode. S. 105
[68] Kersten, Ulrich: Vorwort. In: Hoffmann, Jens, Musolff, Cornelia (2000), S. 5
[69] Vgl. den Begriff *Profil* im entsprechenden Wörterbuch unter http://www.woerterbuchnetz.de/ [15.08.11]. Zur Begriffsbestimmung des Profilings und der Operativen Fallanalyse vgl. auch Holzhauer, Hedda: Polizeiliche Wunderwaffe „Profiler" - ein Mythos? In: Die Kriminalpolizei. 03/2009
[70] Vgl. die Begriffe *Operieren* und Operation im Grimms Wörterbuch unter http://www.woerterbuchnetz.de/ [15.08.11].
[71] Holzhauer, Hedda: Polizeiliche Wunderwaffe „Profiler" - ein Mythos? In: Die Kriminalpolizei. 03/2009, S. 5
[72] Dern, Harald: Die Operative Fallanalyse und ihre Methodik. In: Bundeskriminalamt (Hrsg.) (2009), S. 18
[73] Walder, Hans (2006): Kriminalistisches Denken. S. 2
[74] Vgl. hierzu Hoffmann, Jens, Musolff, Cornelia (2000), S. 29 ff., Dirks, Mathias: Entwicklung der Fallanalyse und deren Anwendungsgebiete. In: Steffes-enn, Rita

(Hrsg.) (2010), S. 43 ff., Hoffmann, Jens: Auf der Suche nach der Struktur des Verbrechens. In: Musolff, Cornelia, Hoffmann, Jens (Hrsg.) (2006), S. 65 ff.
[75] Hoffmann, Jens, Musolff, Cornelia (2000), S. 38
[76] Dirks, Mathias: Entwicklung der Fallanalyse und deren Anwendungsgebiete. In: Steffes-enn, Rita (Hrsg.) (2010), S. 44
[77] Hoffmann, Jens, Musolff, Cornelia (2000), S. 39
[78] Hoffmann, Jens: Auf der Suche nach der Struktur des Verbrechens. In: Musolff, Cornelia, Hoffmann, Jens (Hrsg.) (2006), S. 66; dort ist auch eine Tabelle mit den unterschiedlichen Wahrscheinlichkeitshäufungen gewisser Verhaltensweisen zu finden.
[79] Ebd. S. 75
[80] Vgl. Reichertz, Jo: 'Meine Mutter war eine Holmes'. In: Musolff, Cornelia, Hoffmann, Jens (Hrsg.) (2006), S. 46 ff.
[81] Ebd. S. 46
[82] Hitzler, Ronald (2002): Sinnrekonstruktion. Zum Stand der Diskussion (in) der deutschsprachigen interpretativen Soziologie. Unter: http://www.qualitative-research.net/index.php/fqs/article/view/867/1884 [15.08.11]
[83] Aus diesem Grund „taugen" deutsche Fallanalysten nicht zu einer Mythos-Figur vom genialen Einzelermittler bzw. bedienen eine solche Sichtweise nicht.
[84] Hoffmann, Jens, Musolff, Cornelia (2000), S. 197
[85] Vick, Jens: Kriminalistisch-kriminologische Fallanalyse (KKF). In: Reichertz, Jo, Schröer, Norbert (Hrsg.) (1996), S. 326
[86] Ebd. S. 327
[87] Ebd. S. 328
[88] Verkürzt könnte man es auf den Nenner bringen, den man aus der Medizin kennt: Wer heilt, hat recht oder angepasst: Wer den Fall löst, hat mit seiner Herangehensweise recht. Dennoch muss man auch hier vor einer zu großen Zuspitzung warnen (z.B. der einmalige Einsatz von Hellsehern). Letztlich überdauern nur Methoden, die auch weitgehend wissenschaftlich konfliktfrei sind.
[89] Vick, Jens: Kriminalistisch-kriminologische Fallanalyse (KKF). In: Reichertz, Jo, Schröer, Norbert (Hrsg.) (1996), S. 329
[90] Dern, Harald: Die Operative Fallanalyse und ihre Methodik. In: Bundeskriminalamt (Hrsg.) (2009), S. 18
[91] Vgl. Reichertz, Jo, Schröer, Norbert (Hrsg.) (2003): Hermeneutische Polizeiforschung.
[92] Vgl. z.B. Dern, Harald: Erfahrungen mit der objektiven Hermeneutik innerhalb der Anwendung qualifizierter kriminalistischer Auswertungsverfahren. In: Reichertz, Jo, Schröer, Norbert (Hrsg.) (1996), S. 263-295
[93] Vgl. z.B. Mohr, Michaela, Schimpel, Franz Schröer, Norbert (2006): Die Beschuldigtenvernehmung.
[94] Ob die objektive Hermeneutik ein Teil einer qualitativen Soziologie ist, wird von ihren Vertretern mitunter ausdrücklich verneint. Ihre komplexen methodologischen und erkenntnislogischen Probleme und Positionen können an dieser Stelle nicht ausgeführt werden. Aber für einen ersten Einblick sei auf den ausge-

zeichneten kurzen Text von Jo Reichertz in dem Online-Wiki von mykowi.net verwiesen. Zu finden unter:
http://kowiki.mykowi.net/index.php/Objektive_Hermeneutik
Eine ausführlichere Darstellung zur Entwicklungsgeschichte der objektiven Hermeneutik findet sich in Reichertz, Jo (1986).
[95] Schon hier sei auf Hoffmann, Jens, Musolff, Cornelia (2000), S. 225 und Dern, Harald (1996) verwiesen, die sich dezidiert der objektiven Hermeneutik im Rahmen einer kriminalistischen Anwendung zuwenden.
[96] Reichertz, Jo: Objektive Hermeneutik. Zu finden unter:
http://kowiki.mykowi.net/index.php/Objektive_Hermeneutik [15.08.2011]
[97] Reichertz, Jo: Objektive Hermeneutik. Zu finden unter:
http://kowiki.mykowi.net/index.php/Objektive_Hermeneutik [15.08.2011]
[98] Reichertz, Jo: Objektive Hermeneutik. Zu finden unter:
http://kowiki.mykowi.net/index.php/Objektive_Hermeneutik [15.08.2011]
[99] Oevermann, Ulrich: Die objektive Hermeneutik als unverzichtbare methodologische Grundlage für die Anayse von Subjektivität. In: Jung, Thomas, Müller-Dohm, Stefan (1993), S. 115
[100] Wernet, Andreas (2009): Einführung in die Interpretationstechnik der Objektiven Hermeneutik. S. 13
[101] Vgl. für diese Ausführungen besonders Wernet, Andreas (2009), S. 21 ff.
[102] Oevermann, Ulrich: Die Methode der Fallrekonstruktion in der Grundlagenforschung sowie der klinischen und pädagogischen Praxis. In: Kraimer, Klaus (Hrsg.) (2000), S. 64
[103] Wernet, Andreas (2009), S. 33
[104] Wernet, Andreas (2009), S. 35
[105] Hoffmann, Jens, Musolff, Cornelia (2000), S. 232
[106] Hoffmann, Jens, Musolff, Cornelia (2000), S. 232
[107] Hoffmann, Jens, Musolff, Cornelia (2000), S. 233
[108] Musolff, Cornelia: Tausend Spuren und ihre Erzählung. In: Dieslb., Hoffmann, Jens (Hrsg.) (2006), S. 114
[109] Nach Dern, Harald (2010): Heuristische Grundlagen der Fallanalyse. S. 104-105
[110] Dern, Harald (2010), S. 104
[111] Dern, Harald (2010), S. 104
[112] Vgl. Dern, Harald: Die Operative Fallanalyse und ihre Methodik. In: Bundeskriminalamt (Hrsg.) (2009), S. 26
[113] Dern, Harald: Erfahrungen mit der objektiven Hermeneutik innerhalb der Anwendung qualifizierter kriminalistischer Auswertungsverfahren. In: Reichertz, Jo, Schröer, Norbert (Hrsg.) (1996), S. 268
[114] Steiner, Ulf (2010): Kriminalistik/Kriminaltechnik. Skriptum 6. Kriminalistische Tatortarbeit. S. 3
[115] Dern, Harald, Frönd, Roland, Straub, Ursula et. al. (2004): Geografisches Verhalten fremder Täter bei sexuellen Gewaltdelikten. S. 7

[116] Vgl. Dern, Harald, Frönd, Roland, Straub, Ursula et. al. (2004), S. 7
[117] Dern, Harald, Frönd, Roland, Straub, Ursula et. al. (2004), S. 15
[118] Dern, Harald, Frönd, Roland, Straub, Ursula et. al. (2004), S. 97
[119] Mokros, Andreas, Schinke, Dirk: Geografische Fallanalyse. In: Musolff, Cornelia, Hoffmann, Jens (Hrsg.) (2006), S. 235
[120] Thomas, Alexandra (2003): Der Täter als Erzähler. Serienmord als semiotisches Konstrukt. S. 1
[121] Thomas, Alexandra (2003), S. 2
[122] Vgl. z.B. grundlegend hierzu Oevermann, Ulrich, Schuster, Leo, Simm, Andreas (Hrsg.) (1985): Zum Problem der Perseveranz in Delikttyp und modus operandi. Oder auch Reichertz, Jo (1991)
[123] Habort, Stephan: Aufdeckungsbarrieren bei Serienmorden. In: Die Kriminalpolizei. Ausgabe 03/2007, S. 85

Weitere Bücher aus dem Oldib Verlag

Oliver Bidlo: Tattoo. Die Einschreibung des Anderen.
Oliver Bidlo: Rastlose Zeiten. Die Beschleunigung des Alltags.
Hans Werner Ingensiep / Sabine Dittrich (Hrsg.): Darwin, die Evolution und die Wissenschaften.
Friedhelm Schneidewind: Mythologie und phantastische Literatur.
Erich Steitz: Sind wir noch zu retten? Krise und Chance des Homo sapiens im Lichte der Evolution.
Erich Steitz: Kausalität und menschliche Freiheit.

Einführungen

Oliver Bidlo: Vilém Flusser. Einführung.
Frank Weinreich: Fantasy. Einführung.
Patrick Peters: Edda. Einführung.
Alexander Berens: Europa. Einführung.
Anja Stürzer: Shakespeare. Einführung.
Tanja Bidlo: Theaterpädagogik. Einführung.
Armin Staffler: Augusto Boal. Einführung.
Meinhard Saremba: Oper. Einführung.
Norbert Schröer: Interkulturelle Kommunikation. Einführung.

Weitere Bücher, Verlagsprogramm und versandkostenfreie Bestellmöglichkeit unter www.oldib-verlag.de oder per Mail an: info@oldib-verlag.de